Konnys BARBECUE-BIBEL

Lecker grillen mit den Reimanns

Moewig ist ein Imprint der edel entertainment GmbH

www.moewig.de | www.edel.de

Produktion: Feierabend Unique Books
Projektleitung und Art Direction: Peter Feierabend
Texte: Tobias Friedrich
Lektorat & Interviews: Lothar Berndorff
Layout, Satz & Umschlaggestaltung: Christian Schaarschmidt für 12ender
Lektorat der Rezepte: Barbara Fleig

Printed in Germany

ISBN 978-3-86803-390-8

Konnys BARBECUE-BIBEL

Lecker grillen mit den Reimanns

MOEWIG

DANKSAGUNG

Ich möchte mich bei der besten Ehefrau von allen für den Traum bedanken, den wir hier in Texas gemeinsam leben. Du bist die gute Seele von Konny Island, ziehst auch die verrücktesten Ideen mit mir durch und gibst auch dann nie auf, wenn andere schon lange den Kopf in den Sand gesteckt hätten. Auch „Konnys Barbecue-Bibel" würde es nicht geben, wenn Du nicht wochenlang – neben allem anderen täglichen Kram – gekocht, gebacken und dann auch noch fotografiert hättest, als würde ganz Gainesville zu Besuch kommen. Als Dankeschön hab ich Dir den ersehnten „eigenen" Schulbus vor die Tür gestellt, aber bescheiden wie Du bist, reicht Dir, wie Du sagst, Dein alter Pick-up – und damit habe ich jetzt zwei Schulbusse :o)))!!!

Du bist mein Engel!!!

Dein Konny

Wir, Manu und Konny, bedanken uns bei allen Konny-Island-Gästen, die mit uns in den letzten Jahren unvergessliche Grillabende in der Hafenkneipe verlebt haben. Ein besonderes Dankeschön an diejenigen von Euch, die Salate zubereitet und uns ihre Rezepte zur Verfügung gestellt haben. Hervorheben möchten wir hier auch Janina, die ihrer Mom bei den Rezepten und Fotos geholfen hat, und Ilonka, die bei den Rezepten geholfen, den Hamburger- und Hot-Dog-Kuchen gebacken hat und uns als Back-Profi mit Rat und Tat zur Seite stand. Danke an Markel für seine tollen Salsas und Saucen, die nicht nur uns, sondern auch allen unseren Gästen und mittlerweile sogar vielen Fans in Deutschland das Essen veredeln und aus einer ganz normalen Mahlzeit ein wahres Festmahl machen. Ein texanisches „Thanks" auch an Peter, Tobi und Lothar, Stefan, Bettina, Marten, Henning und Katharina, die mit uns gemeinsam dieses Buch umgesetzt und veröffentlicht haben. Sonnige Grüße von Konny Island an alle Freunde und Grillfans in Deutschland.

Guten Appetit!

Manu und Konny

INHALT

EINLEITUNG

„Ich hab Hunger." Ich glaube, dieser Satz steht ganz am Anfang meines „Grill-Lebens".

Eigentlich habe ich überhaupt erst mit Mitte Zwanzig angefangen zu kochen bzw. eine Vorliebe dafür zu entwickeln. Vorher hatte ich von meiner Mutter zu Hause Essen auf den Tisch gestellt bekommen. Später, als ich ausgezogen war, habe ich mir meist fertiges Essen geholt. Mit meinem Umzug nach Hamburg-Schenefeld ca. 1983 und meiner ersten großen Küche änderte sich das jedoch. Ich begann die ersten Gehversuche im Kochen zu machen und fing schnell sprichwörtlich Feuer. In meinem Haus in Schenefeld hatte ich erstmals eine richtig große Küche. Und der Platz, den ich dort auf einmal hatte, weckte in mir die Lust, mich auszubreiten und richtig loszulegen. Das Experimentieren machte unglaublichen Spaß.

Konny beim Würzen der Steaks.

Noch heute gilt mein Kodex von damals: Mein Kochbuch ist der Kühlschrank. Ich habe Hunger und der Inhalt hinter der Kühlschranktür verrät mir, was auf den Tisch kommen wird. Daher geraten meine Essen auch jedes Mal anders. Selbst wenn es zwei Abende hintereinander dasselbe geben sollte, wird es unterschiedlich schmecken. Ich koche immer aus dem Moment heraus, schmecke ab, verändere, auch wenn es am Vortag eigentlich schon gut war. Und dennoch wird nie ein Notessen daraus. Ich begnüge mich immer mit dem, was gerade da ist, und bekomme trotzdem ständig Bestnoten von meiner Familie, die mir schon mehr als ein Mal geraten hat, es doch als Koch zu probieren. Na ja, jetzt hier in Amerika, in Texas, am Moss Lake bin ich ja zumindest ein Teilzeitkoch, wenn auch einer, der lieber in der frischen Luft hinter dem Grill steht. Seit wir die Gästehäuser haben, verbringe ich dort eigentlich das ganze Jahr. Im Winter essen wir das Gegrillte eher in der Kneipe, die übrigens keine „richtige" Kneipe ist, wie man sie aus Deutschland kennt, in die man vorbeikommt und sich volllaufen lässt, sondern einfach unser kleines Häuschen mit Terrasse am See. Wir haben dort auch einen offenen Kamin, in den wir einen Grillrost schieben können, um zu grillen. Aber so lange es wettertechnisch geht, brutzeln wir erst alles

In der Küche in Schenefeld.

draußen und nehmen es dann mit in Konnys Hafenkneipe. Mit den Jahren bekommt man da natürlich ganz automatisch ein Gefühl dafür, wann was umgedreht, verschoben oder heruntergenommen werden muss. Eine Küchenuhr brauche ich dafür jedenfalls nicht. Trotzdem habe ich vor allem in den letzten drei Jahren die wichtigsten Dinge fürs Grillen gelernt. Die Entscheidung, mit geschlossener Haube zu grillen zum Beispiel, hob die Ergebnisse noch mal auf ein anderes Niveau. Genau das ist übrigens auch der Hauptunterschied zwischen deutschem und amerikanischem Grillen und für mich liegt genau da der Hase im Pfeffer bzw. das Rind im Rauch begraben.

Aber da sind wir eigentlich schon mittendrin im Thema, und das sollt ihr ja alles nach und nach erst in diesem Buch lesen. Doch Achtung! Das hier ist kein klassisches Grillbuch! Sollte jemand von euch hinter diesen Seiten eine strikte Anleitung zum Kochen erwarten, wird er oder sie womöglich enttäuscht werden. Vielmehr verrate ich euch in diesem Buch etwas über die Grill-Kultur der Reimanns, das ganze Drumherum und die entsprechenden

Storys dazu. Es geht hier darum, eine sehr zentrale Angelegenheit unserer neuen Heimat am Moss Lake in Texas zu beschreiben. Etwas, was vieles erklärt und einen Einblick gibt in die Reimann'sche Welt und warum so viele Leute so gerne hierher kommen und Zeit bei uns verbringen. Bei einigem von dem, was euch hier erwartet, werdet ihr vielleicht denken: „Das ist doch einfach, das kann doch jeder“, aber ihr werdet feststellen, dass es nicht darum geht, welches Fleisch man von welchem Markt kauft oder ob die Kräuter aus Madagaskar oder der Mongolei kommen. Es geht nicht darum, einen Wettbewerb zu gewinnen oder ein paar Sterne von einem Meisterkoch verliehen zu bekommen. Es geht, wie so oft bei meiner Familie und mir, darum, etwas zu tun, woran möglichst viele teilhaben können und was Spaß macht, es geht darum, Essen mit Aktionen und Ideen zu vermischen. Saucen, Bier, Steaks und interessante Geschichten werden zu einem großen Ganzen, und am Ende kommt dabei viel mehr eine Lebenseinstellung heraus als eine Kochanleitung. Dementsprechend ist dies auch eher ein Leben-kennenlernen-Buch als ein Besserwisserbuch über ausgefallene Gerichte. Trotzdem werden auch Grill-Fanatiker und Liebhaber feiner Gerichte auf ihre Kosten kommen. Ich gebe euch einen Einblick in meine Grill-Welt und zeige dabei, was die verrückten Amerikaner auf diesem Gebiet anders und besser machen und wo sie sich noch ein paar Scheiben abschneiden können.

Außerdem bekommt ihr weitere Konny-Abenteuer der Vergangenheit und einige Ausblicke auf das, was wir hier in Zukunft vorhaben. Denn neben „würziger, heißer, leckerer“ heißt es am Moss Lake auch immer „höher, schneller, weiter“.

Ich könnte euch natürlich noch viel mehr zur Esskultur erzählen und was es neben dem hier beschriebenen Gegrillten noch alles Leckeres zu essen gibt in Texas ... Aber das sind ein paar andere Gerichte!

Viel Spaß beim Mitgrillen

Konny

GRILLEN

KONNYS GRILL-STATIONEN

Aus meiner Kindheit oder Jugend habe ich ans Grillen fast gar keine Erinnerung. Erst als Erwachsener habe ich so langsam daran Gefallen gefunden. Vor allem in Schenefeld, wie schon in der Einleitung beschrieben, allein wegen einer neu gewonnenen großen Küche und dem großen Platz draußen vor der Tür. Aber natürlich habe ich auch in meinen zahlreichen Urlauben so meine Erfahrungen gemacht. Während in Frankreich jegliches Grillen verboten war, haben wir in Dänemark schon öfter am Strand und auf Campingplätzen so ein Mini-Teil aufgestellt. Unser Equipment damals ist mit jenem von heute aber nicht vergleichbar. Damals hatten wir eher eine Art Einheitsgrill, so eine Art Kofferradio der Outdoor-Küche, viel einfacher und kleiner, nicht im Geringsten vergleichbar mit dem Gerät, das heute bei uns vor der Kneipe steht.

In Hamburg war mein erster Grill ein besonderer. Ich habe noch in Eimsbüttel gewohnt, als die Lust aufs Grillen in mir heranwuchs. Während aber „normale" Menschen, wenn sie grillen wollen, als Erstes in einen Baumarkt rennen und so 'n Ding kaufen, habe ich mir meinen selber gebaut. Das Material dazu lag ja quasi unter meinen Händen, denn ich arbeitete seinerzeit noch in einer Firma, die Edelstahl verarbeitete. Gesagt, getan.

Lagerfeuer in Schenefeld.

Ich baute mir eine eigene Auffangwanne mit einem Rost obendrauf und zwei Seitenwänden, die dazu dienten, dass ich einen Hähnchengrill installieren konnte. Wenig später stand der erste Reimann'sche Edelstahlgrill in seiner ganzen schönen Eigenheit vor mir und bettelte um Würstchen für einen „Probelauf". „Reimann 1" war also ready for lift-off. Einer der Gründe, weswegen ich damals dann nach Schenefeld gezogen bin, war, dass ich mit meiner Familie, Freunden und Bekannten mehr Zeit draußen verbringen und unser Leben insgesamt mehr nach draußen verlagern konnte. Das galt natürlich auch für die Nahrungszubereitung und -aufnahme. Schnell war nach dem Umzug die Idee da, den Garten intensiv zum Grillen zu nutzen. „Reimann 1" kam hier allerdings leider nicht mehr zum Einsatz. Die Freundschaft zu ihm war spätestens beendet, als meine Augen eine Stelle für ein Lagerfeuer in Schenefeld auserkoren hatten. Ha! Da drüben, genau richtig. Zunächst mal war das mit ein paar Zweigen und ein paar Steinen drumherum getan (später „perfektionierte" ich das Prinzip noch mit einer ausgehobenen Grube unter dem Grill). Ich baute ein „3-Bein", also genau jene Vorrichtung aus drei Stahlbeinen, die wie das Gerüst eines Zeltes gegeneinander gestellt werden und wie man sie schon zu Zeiten des Wilden Westens benutzte. Anschließend ließ ich daran eine dicke Kette mit einem Grill baumeln. Herrlich. Fortan brutzelten also dort die Reimann'schen Fleischstücke. Mit diesem Eigenbau habe ich dann die nächsten Schritte und Versuche in Sachen Grillen unternommen, habe gelernt, dass Hähnchen zu grillen lange dauert, erfahren, dass selbst gebaute Hamburger zerbröseln können, und geschmeckt, was man noch so alles Wunderbares zubereiten kann. Doch natürlich juckte es mich schon bald danach wieder in den Fingern. Ein Schwenkgrill über einem offenen Lagerfeuer ist super, aber da mein „3-Bein" zu statisch war, verbrannte hier und da etwas oder bekam schlicht nicht die richtige Reife. Also schwang ich einen Galgen mit einer Kette um den Ast eines Baumes und ließ den Grill frei daran baumeln. Durch die ständige Schwenkbewegung briet das Fleisch gut durch, ohne schwarze Ränder zu bekommen. Die essbaren Resultate waren um einiges besser als vorher. „Reimann 1" war zu diesem Zeitpunkt längst vergessen. Die Folge dieser erfolgreichen Experimente war absehbar, denn nicht zum ersten und mit Sicherheit auch nicht zum letzten Mal hieß schon bald die Devise in unserem Freundes-und Bekanntenkreis: „Bei Konny is' das Grillen immer lustig" – und lecker natürlich sowieso. Also herrschte jedes Wochenende Party-Stimmung, Menschen kamen vorbei, grillten, feierten und ließen es sich gut gehen. Wenn ich so zurückdenke, muss es zwischen April und Oktober wohl jedes Wochenende bei uns derartige Grillpartys gegeben haben. Es fanden sich einfach keine Gründe, nicht den Rost zu befeuern und Steaks und Hamburger Marke Eigenbau zu konstruieren. Wenn wirklich mal niemand da war, der sich gerade zum Mitgrillen anbot, brutzelte ich all die schönen Dinge eben für mich alleine oder für meine Familie. Noch heute, wenn ich am Moss Lake in Konnys Hafenkneipe sitze, bereite ich genauso gern für fünfzehn Leute etwas zu wie für mich allein. Ich sitze dann auf der Holzterrasse, direkt am Wasser, höre Hans-Albers-Lieder, esse, trinke und muss nicht mal teilen. Außer mit Murphy.

Mit dem Umzug nach Amerika war damit nur für ganz kurze Zeit Schluss. Doch schon 48 Stunden nach dem Einzug in unser Haus in Gainesville stand ich im lokalen Baumarkt, dem Home Depot, und kaufte uns einen US-Grill. Erstmals entschloss ich mich also dazu, tatsächlich einen Grill käuflich zu erwerben. Eigentlich nur deshalb, weil ich nicht mehr in einer Edelstahlfirma arbeitete (zu jener Zeit arbeitete ich ja gar nicht), „Reimann 1" nicht mitgekommen war und wir vor allem schnell einen Grill für unsere Terrasse haben wollten. Dieses hervorragende Wetter in Texas und keinen Grill? Keine Minute lang. Aber als ich das Ding auspackte, war ich etwas verdutzt. „Wofür is' der Deckel?" sagte ich zu Manu. Na ja, is' so. Können wir wohl auch weglassen, dachte ich, und fing an, wie in Deutschland üblich, „oben offen" zu grillen. Schmeckte. Alles war in Ordnung. Das Fleisch bezogen wir anfangs noch vom Wal-Mart, der unsere Familie ja nicht nur mit Essbarem, sondern wenig später auch mit Jobs versorgen sollte. Unten in dem Grill verteilte ich Holzkohle, fachte das Feuer mit meinem Bunsenbrenner an und streute ein paar kleine Zweige dazu, so dass alles besser und vor allem länger brannte. Auch in Gainesville vergingen so nicht wenige Abende mit zartem Fleisch zwischen den Zähnen.

Meine eigentliche „Profi"-Grillphase begann aber erst vor ungefähr drei

Jahren, als ich einen gewissen Ehrgeiz entwickelte, nur noch richtig gute Sachen hinzubekommen. Auch habe ich dann erst experimentiert und meinen eigenen Stil entwickelt. Der „Meister", der ich im Handwerklichen bereits war, wurde ich in Sachen Grillen also erst am Moss Lake. Ich begann dort wieder wie anfangs in Deutschland mit Holz zu grillen, welches ich der Kohle beimischte, inzwischen mit einem neuen 130-Dollar-Grill von Wal-Mart. Unser erster amerikanischer hatte drei oder vier Jahre gehalten. Ich habe ihn ein paarmal repariert, dann war er durch, für eine längere Lebensdauer aber auch nicht konzipiert. Auf unserem Grundstück befand sich – und befindet sich noch – genug kleines und großes Holz für Grillabende bis ins Rentenalter, und die Voraussetzungen, um an einem See mit untergehender Sonne, netten Leuten und einer eigenen Kneipe sich das Essen selber zu grillen, sind am

Grillen auf dem Grundstück in Schenefeld.

Blick von der Hafenkneipe.

Geburtstagsparty von Manu & Konny im September 2008.

Moss Lake einfach perfekt. Ein weiterer von tausenden von Gründen dorthin zu ziehen. Die meisten Leute würden vielleicht Buchenholz bei uns vermuten, aber hier wachsen fast ausschließlich Eichen. Eichenholz ist aber genau wie Birkenholz ebenso gut, wenn nicht besser geeignet, den typisch aromatischen Grillgeschmack zu zaubern. Nadelhölzer sind dagegen nicht zu empfehlen, weil sie viel zu schnell durchglühen und Harze enthalten, die unschöne Gase beim Verbrennen absondern. Für ein optimales Ergebnis ist aber auch eine ganz andere Sache wichtig: Das Holz muss gut abgelagert sein, denn frisches Holz enthält viel zu viel Feuchtigkeit. Das heißt, das Holz muss richtig lange liegen, eigentlich vier oder sogar fünf Jahre. Bei den Temperaturen hier in Texas reichen aber auch „schon" ein oder zwei Jahre. Da ich wusste, dass wir hier ein Grill-Paradies unser Eigen nennen, habe ich deshalb früh angefangen, Holz zu sammeln und zu lagern. Ich habe die gehackten Stämme dann hinter unsere noch stehenden Bäume überall am Hang geklemmt, wo sie am längsten der Sonne ausgesetzt waren. Damit war und ist die Grundvoraussetzung für zahllose Lagerfeuer und Grillabende gesichert. Und es garantiert uns gleichzeitig, dass schon bei der Vorbereitung alle Beteiligten etwas zu tun haben. Manche sammeln Kleinholz, Äste und Zweige, manche größere Stämme, die dann von den Gästen auch mit der Axt gespalten werden können. Hierbei stehe ich jedoch daneben und passe auf, dass sich niemand aus einem Knie zwei macht. Auf diese Weise können sich alle austoben und werden mit eingebunden, was einen nicht unwesentlich positiven Effekt auf das spätere Zusammensitzen

Sonnenuntergang am Moss Lake.

hat. Ab und zu müssen wir auch unsere Motorsäge bemühen. Die bekomme allerdings nur ich in die Hand, wir wollen ja nicht, dass unsere Besucher in vier Teilen nach Hause fahren müssen. Selbst wenn uns doch jemals das Holz auf unserem Grundstück ausgehen würde (sehr unwahrscheinlich), in dieser Gegend gibt es genug davon, bei Nachbarn oder auf den umliegenden Farmen. Aber bis das wirklich mal so weit ist, wird noch viel Wasser im Moss Lake hin und her schwappen.

Zurück zum Grill: Irgendwann kam ich auf die Idee, doch mal die Haube unseres amerikanischen Grills zu benutzen. Unser Nachbar Rick hat so gegrillt, also war es einen Versuch wert. Das Geheimnis besteht darin, dass durch die geschlossene Haube das Fleisch zugleich über dem offenen Feuer gegrillt und in der zirkulierenden heißen Luft geräuchert wird. Diese Mischung aus Räuchern und Grillen ist in Texas Standard. Auf verschiedenen Ebenen wird hier das Fleisch platziert, entweder direkt über der Glut im Feuerkessel oder auf einem zweiten Rost, der sich weiter oben befindet. Die Lüftungsklappen an der Seite sorgen dann dafür, dass das Feuer nicht ausgeht. Bei einem geschlossenen Grill kann man eigentlich auch ganz auf Kohle verzichten, sie würde viel zu schnell durchglühen. Echtes unbehandeltes Holz bleibt in dieser „Grillhölle" länger erhalten und gibt außerdem wie gesagt den besseren Geschmack. Als Grundlage hacke ich acht bis zehn Zentimeter dicke Holzbalken auf das richtige Maß zurecht. Bei einem großen Grill, wie wir einen haben, können die Holzstücke schon Faustgröße haben. Will man nach einer Stunde einen „zweiten Gang" einlegen – und das passiert nicht selten – kann man noch mal neue Holzstücke drauf stapeln, sie glüht sofort durch und weitere Steaks können sich mühelos später am Abend zu der ersten Runde im Magen gesellen und genauso gut schmecken. Doch zurück zu der Haube. Unser Grill hat eine Feuerkammer und Lüftungsklappen, im

Gegensatz zu dem weit verbreiteten US-Grill mit einem so genannten Feuerbehälter an der Seite, wo Holz angefacht wird. Bei geschlossener Haube verteilt sich der Rauch im gesamten Grill und gibt dem Fleisch das einzigartige Grill-Aroma. Man muss diesen rauchigen Geschmack mögen, ich finde, er ist um Klassen besser als die „normale" Variante mit offenem Grill. Ich jedenfalls bin süchtig danach und gehe sogar so weit, beim Essen weder eine Beilage gleichzeitig mit dem Fleisch zu essen noch etwas dazu zu trinken. Ich möchte den vollen Geschmack des Fleisches haben, bis zum letzten Bissen. Dann können gerne auch die anderen leckeren Dinge dazukommen. Bis dahin bekommt das Fleisch sein Solo.

Während Manu sich um Vor-und Nachspeisen oder auch Beilagen kümmert (die nicht weniger exzellent schmecken) und auch unsere Gäste viele tolle Salate beisteuern, ist der Platz am glühenden Fleisch für mich reserviert. Am Grill steht der Meister! Das hat zum einen damit zu tun, dass mir das Zubereiten schon in (Grill-)Fleisch und Blut übergegangen ist. Zum anderen wäre es mir schlicht zu heikel, einen Gast an das Gerät zu lassen, welches zu Hoch-Zeiten eine so unglaubliche Hitze entwickelt.

Außerdem gab es nie Beschwerden über meine Ergebnisse. Im Gegenteil, die meisten Gäste fliegen nach Hause und versuchen, unsere Art zu grillen nachzumachen, derart haftet ihnen noch der leckere, rauchige Geschmack im Mund. Schwierig wird es allerdings, wenn man zu Hause „nur" einen Balkon hat. Allein beim Anfeuern entsteht so viel Rauch, dass man in jeder deutschen Stadt wahrscheinlich schon seinen ersten Teller mit drei Feuerwehrmännern teilen muss. Da wird dann ganz schnell mal nicht nur der Durst gelöscht. Hier in Amerika könnten wir wahrscheinlich den Wald anzünden, bevor jemand eine Augenbraue heben würde.

Während ich also immer amerikanischer grille, sind die Amis selber schon längst wieder auf einem ganz anderen Trip. Und natürlich geht es dabei wieder um Bequemlichkeit, Zeitersparnis und falsch verstandene Modernität. Ich würde mal vorsichtig schätzen, dass inzwischen 80 % aller Amerikaner mit einem Gas-Grill arbeiten. Denn denen ist immer am wichtigsten: Es muss schnell gehen. Geschmack kommt frühestens an zweiter Stelle, der Genuss sitzt auf dem Beifahrersitz, während der ungeduldige US-Bürger den Grillwagen lenkt und bestimmt, wie schnell der ganze Hokuspokus wieder vorbei sein kann bzw. wann er endlich das Objekt der Begierde, das Fleisch, zwischen die Zähne und in den Magen bekommt. Die Qualität bleibt dabei, um im Bild zu bleiben, auf der Strecke. Vor ungefähr sieben Jahren hab ich mal selber einen Gas-Grill ausprobiert, aber schon damals, lange bevor wir den ordentlichen amerikanischen Apparat kauften, den wir jetzt haben, wusste ich, dass es das nicht sein kann. Das ist einfach kein „richtiges" Grillen, weil das typische Grill-Aroma ohne Holz einfach nicht hinzukriegen ist. Nach dem Essen geht der Amerikaner dann husch husch ins Körbchen oder eben vor die Flimmerkiste. Die Kultur des Zusammensitzens, Party feiern und sich Geschichten erzählen, abends vielleicht sogar noch mal ins Wasser hüpfen oder ähnliche Kapriolen, kennen (oder schätzen) die Leute hier nicht so. Essen heißt für sie überleben. Doch die Amis, die bei uns mein Grillfleisch gegessen haben, waren trotzdem schwer begeistert. Ich sage denen dann schon von vornherein, dass sie sich etwas Zeit nehmen müssen für mein Essen. Sollen die mal lieber, wie ich, ein, zwei Bier trinken und ein bisschen schnacken. Bei mir ist Grillen eben immer auch ein großes Stück Gemütlichkeit. Dafür gibt's dann aber auch das vielleicht beste Steak von Texas auf den Teller.

In Konnys Hafenkneipe ist Grillen noch eine kulturelle Veranstaltung, ein Highlight am Wochenende. Unsere Gäste werden immer involviert. Dabei bieten die Frauen meist automatisch an, einen Salat zu machen, während ich die Männer losschicke, Holz zu suchen. Wenn alles vorbereitet ist, beginne ich, den Grill nach meinem persönlichen „Ritual" anzuheizen.

Links: Treppe zum Gästehaus Blankenese. Rechts: Feuerholz für das BBQ.

Zum Mitschreiben fasse ich das Wichtigste noch mal zusammen:

1. Äste-Kleinzeug und Papier in den Grill legen, Rost kommt raus, anzünden.

2. Dazu kommen trockenes Laub und/oder Reisig, ein paar Hände voll 3 cm langer Zweige, damit alles gut durchglüht. Meist lege ich dann noch etwas Holzkohle dazu, die 15 Minuten lang durchbrennt.

3. Als Holz nehme ich ca. vier acht bis zehn Zentimeter dicke Baumstämme (abhängig von der Größe des Grills). Eiche, Birke oder Buche sorgen für schmackhaftes Aroma im Fleisch.

4. Nun legt man den Rost wieder drauf, um die Reste vom letzten Grillen wegzubrennen.

5. Nach einer Weile, wenn eine Seite des Holzes durchgeglüht ist, dreht man die Stämme um.

6. Wenn das gesamte Holz richtig durchgeglüht ist, kommt das Fleisch auf den Rost.

7. Will man nach 2–3 Stunden einen zweiten Gang einlegen, braucht man nicht wieder von vorne zu beginnen. Die Glut bleibt über einen längeren Zeitraum sehr warm und kann jetzt durch die Zugabe von Holz sofort wieder auf Touren gebracht werden. Man muss jetzt lediglich die Lüftungsklappen und den Deckel offen lassen.

Hat man weniger Zeit zur Verfügung, kann man auch die schnellere Variante wählen: Holzkohle mit Bunsenbrenner anzünden und dann Äste dazu. Auch ein Fön beschleunigt den Ablauf etwas.

Während die Amis zur generellen Bequemlichkeit neigen, ist den Deutschen, man ahnt es schon, die Ordnung wichtig. So wichtig, dass sie Begriffe wie Sauberkeit und Instandhaltung über den Geschmack setzen. Um den Räuchergeschmack, den ich bereits beschrieben habe, ins Fleisch zu bekommen, ist zunächst mal wichtig, dass man Holz zum Brennen benutzt, zur Unterstützung gerne auch Holzkohle. Auf keinen Fall sollte man z.B. seinen Grill mit Alufolie ausstaffieren. Nur um am Ende nix saubermachen zu müssen? Ich mache auch nix sauber! Die Hitze ist bei mir so stark, dass die Reste am Rost verglühen oder irgendwann abfallen und beim nächsten Mal verbrennen. Der Grill brennt sich also quasi selber frei. Eine Bürste reicht, um das Gröbste zu entfernen. Außerdem stört das bisschen Fett nicht. Alufolie raubt in jedem Fall einen Teil des Geschmacks, weil

die isolierende Folie das Fleisch um den typischen Räuchergeschmack bringt. Der Grill-Charakter geht so verloren, da kann man ja gleich eine Pfanne nehmen. Wer trotzdem gesundheitliche Bedenken aufgrund der Schadstoffe hat, die bei der Zubereitung über offenem Feuer entstehen können, sollte ohnehin lieber die Finger vom Grill lassen. Wem es aber nur um hygienische Dinge geht, dem sei gesagt: Die paar hundert Grad, die beim Grillen entstehen, kann ohnehin keine Bakterie und kein Virus überleben.

Anfeuern des Grills mit Bunsenbrenner.

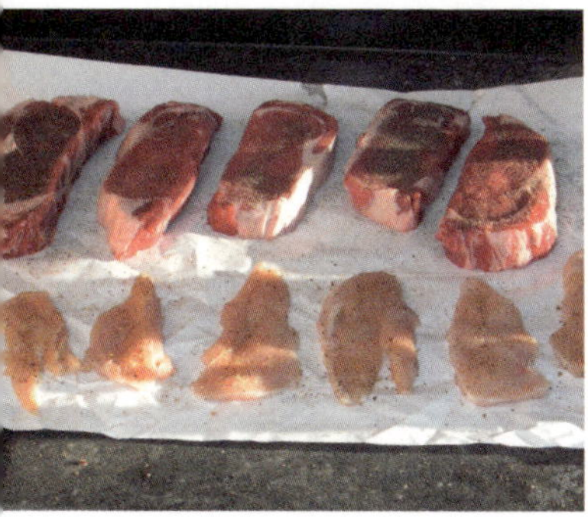

Kommen wir zum Grillen selbst:

1. Zunächst muss man den Rost mit einem in Öl getauchten Papierhandtuch abwischen, damit nichts anbrennt.

2. Die Grundvoraussetzung, bevor man anfängt: Es muss sehr heiß sein! Wenn die Holzbalken richtig glühen, wird der Deckel geschlossen, nur die zwei Seitenklappen bleiben auf, sonst verglühen ja meine Arme, wenn ich da irgendwas hantiere!

3. Jetzt geht es ans Fleisch: Die Grillstücke werden auf einer Seite nur mit Salz und Pfeffer, aber nicht mit weiteren Gewürzen bestreut.

4. Wenn das Holz gut durchgeglüht ist, kommt das Fleisch mit der gewürzten Seite nach unten auf den Rost; dann sofort wieder den Deckel schließen.

5. Klappe vorsichtig öffnen, das Fleisch mit einem handesüblichen Steak- oder Grillgewürz bestreuen, umdrehen, dann noch mal 2–3 Minuten, bis es gut durch ist und der wichtige Rauchgeschmack eingesaugt ist, denn die Wärme kommt bei geschlossener Klappe auch von oben. Die Oberfläche des Fleisches verändert sich jetzt schnell und wird krossbraun.

6. Klappe vorsichtig öffnen, das Fleisch mit einem handelsüblichen Steak- oder Grillgewürz besteuen, umdrehen, dann noch mal 2–3 Minuten drauflassen. Das „Spiel mit den Klappen" kann man nach eigenem Gusto betreiben, zwischen kälter und wieder sehr heiß ist alles erlaubt, bis man herausfindet, mit welchen Tricks man sein ganz eigenes Fleisch herausbekommt. Allerdings muss man drauf achten, dass, wenn man die Lüftungsklappen aufmacht, die Flammen nicht das Fleisch erreichen!

7. Fleisch vom Rost nehmen, kurz umdrehen und kontrollieren, ob beide Seiten ok sind – fertig.

So muss ein Steak aussehen!

Auch wenn es albern erscheint, meine Freunde, ich kann nur den Tipp geben, beim Öffnen des Deckels den Kopf zur Seite zu drehen. Wenn ihr nah genug am Grill steht oder euch womöglich noch bückt, reicht allein der Qualm aus, um aus euch ein Steak auf zwei Beinen zu machen. So eine neumodische Grillbrille braucht man aber nicht, da sieht man nur aus wie ein Techno-Grillmeister, is' so. Euer Fleisch müsste jetzt allerdings top sein, die Wärme schön von oben und unten eingezogen und eine ordentliche Portion Rauch in den Gliedern. Das Holz im Grill ist verantwortlich für den Effekt, dass das Fleisch ein bisschen aussieht, als sei es verbrannt, tatsächlich ist es aber kross, das Fleisch rosa und der Saft läuft erst beim Anschneiden heraus.

MANUS KOMMENTAR: **Zu der „Karriere" meines Mannes, was das Kochen anbelangt, muss ich sagen, dass bis vor ein paar Jahren tatsächlich Konny der „chef de cuisine" bei uns war. In Deutschland galt ich jahrelang als „Frau Maggi" oder auch „Frau Knorr", selbst den Titel „Frau Tütensauce" hatte man mir liebevoll verliehen, um auszudrücken, dass mein Weg zu einem großen Sterne-Koch unter Umständen doch ein weiter sein könnte. Viele Jahre habe ich mich also mit diesem Aschenputtel-Status zufriedengegeben. Zum einen, weil Konnys Essen lecker war und man einen arbeitenden Mann nicht stören soll, zum anderen aber auch, weil ich auf der anderen Seite für Nachtische aller Art zuständig war und es in dieser Disziplin zu einer gewissen Meisterschaft gebracht habe. Kuchen, Torten, Götterspeisen, Cremes und Puddings – in diesem Terrain war ich zu Hause, und es gab nicht wenige Tage, an denen sich die Familie genauso auf das Dessert gefreut hat wie auf die Hauptspeise. Der Wind hat sich gedreht,**

als Konny zum „Grillmeister" befördert wurde und ich somit ebenfalls zwangsläufig zum Küchenchef aufsteigen musste. Wir alle wissen, was am Ende aus Aschenputtel wurde, und auch meine „Küchenlaufbahn" nahm ein bisschen derartige Züge an. Und wenn man erst mal fliegen muss, rudern die Arme von ganz alleine. Inzwischen habe ich tatsächlich meine Leidenschaft fürs Kochen entdeckt und arbeite mich langsam, aber sicher durch etwas anspruchsvollere Gerichte. Soll am Ende keiner behaupten, unsere Kinder wären ausgezogen, weil ich jetzt die Küchenschürze anhabe. Im Ernst: Die Familie ist mehr als zufrieden, und die Menschheit hat auch was davon, kommt sie doch so endlich noch öfter in den Genuss von Konnys Grillkünsten!

Konny und ich freuen uns beide schon auf die große neue Küche in dem neuen Haus oben am Berg, wo wir uns so richtig austoben werden. Mit viel Platz um einen herum macht das Ganze doch noch weit mehr Spaß. Dazu der Blick über den See und die Möglichkeit, das Essen in einem Leuchtturm zu sich zu nehmen, feuern einen dabei natürlich zusätzlich an.

Öffnen des Deckels vom Grill, beim Anfeuern entsteht viel Rauch.

DER GRILL

Beim Grill selbst ist die Marke meiner Ansicht nach egal. Er muss groß und rechteckig sein. Diese kleinen runden Teile sind doch eher für den Stadtpark geeignet. Er sollte 80 cm bis 1 Meter breit und ca. 40 cm tief sein. Wichtig sind, wie schon erwähnt, der Deckel und die Lüftungsklappen vorne und an der Seite. Ein Detail, auf das man achten sollte, ist der Griff vorne am Grill. Wenn möglich, sollte dieser aus Holz sein. Ich selber habe zwar einen aus Metall, aber das Ding kann tierisch heiß werden, ein Holzknauf macht einem da das Leben leichter.

Eine Weisheit, die ich seit eh und je beherzige, die zwar jeder kennt, die man aber ebenso nicht oft genug wiederholen kann: Kinder gehören nicht an den Grill! Der wird im Verlauf des Grillens ein paar hundert Grad heiß, da kann jede falsche Bewegung die bösesten Verletzungen nach sich ziehen.

FUNKTIONSWEISE DES GRILLS

1 und 2

Im Deckel rechts und links befinden sich die Lüfttungsklappen. Die sind bei mir immer geschlossen, um den Rauch im Deckel zu halten. Gleichzeitig verhindere ich damit, dass zu viel Sauerstoff nachströmt, was die Glut noch mehr anheizen würde.

3 und 4

Lüftungsklappen rechts und links im Feuerkessel. Beim Anfeuern immer offen halten! Später beim Grillen kann man damit die Temperatur noch nachregeln.

Je weiter die Klappen geöffnet sind, desto mehr Sauerstoff strömt nach und die Glut wird wärmer.

5 Große Lüftungsklappe. Ist beim Anfeuern immer offen. Wenn das eigentliche Grillen anfängt, geschlossen halten, da sonst zu viel Feuer entsteht und somit das Fleisch verbrennen würde.

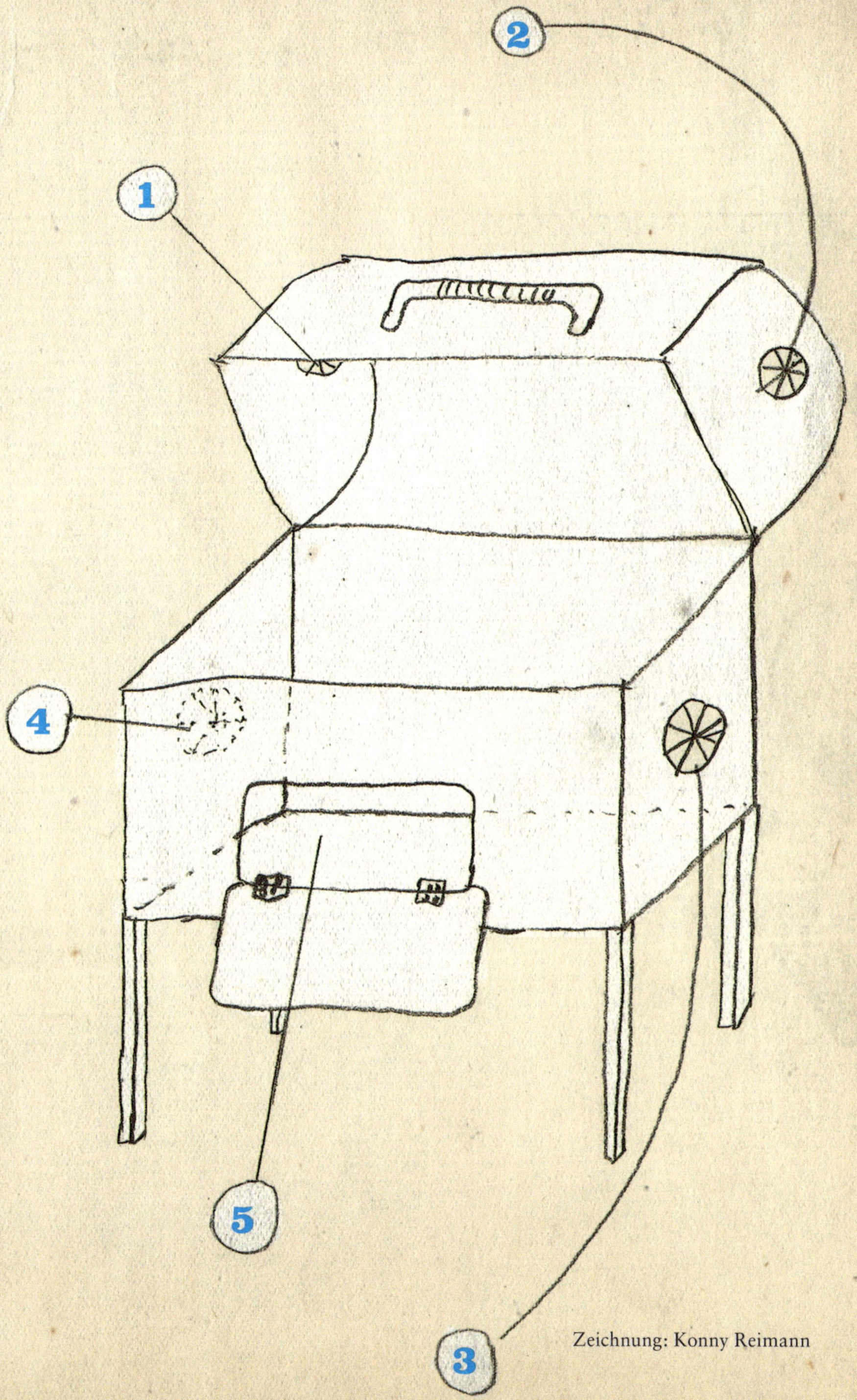

Zeichnung: Konny Reimann

ZUBEHÖR

Ich habe in einem Grillbuch mal die lustigsten Dinge in der Rubrik Zubehör gesehen. Hier wurden mir Grillwender, Küchen- und Fettpinsel, Tranchiermesser in allen Formen und Farben, Fleischgabeln und sogar ein Fleisch-Thermometer mit Digitalanzeige empfohlen. Ich will bei den Steaks ja nicht Fieber messen. Wenn man zwei Augen hat, bekommt man sehr schnell einen Blick dafür, wann das Fleisch genau richtig ist, wann es verkohlt ist oder noch ein paar Minuten braucht. Des Weiteren wurden mir da Einweg-Aluschalen als „Tropfschalen" ans Herz gelegt, verschiedene Bambusspieße und eine Stoppuhr, bis hin zu einer Wasserpistole, um kleine Flammen zu löschen. Könnt ihr euch vorstellen, wie das aussieht? Konny im Blaumann mit einer neonfarbenen Wasserpistole, wie er auf seinen Grill schießt? Genauso „sinnvoll" ist die dort nahegelegte Taschen- oder Stirnlampe fürs nächtliche Grillen. Lasst euch gesagt sein, eine herkömmliche Lampe an der Decke, Lampions oder Lichterketten tun es auch. Man stellt sich ja nicht unbedingt mitten im dunklen Wald auf und fängt an zu grillen. Außerdem, wenn ich all das befolgen würde (die genannten Dinge sind nur ein Teil der empfohlenen „Grillausrüstung"), würde ich aussehen wie ein bewaffneter Bergarbeiter, der sich medizinisches Werkzeug für eine Operation am offenen Herzen geliehen hat. Dabei will ich doch nur grillen! Solltet ihr jemals so einen Ratgeber in die Hand bekommen, überlegt euch gut, ob ihr wirklich einen Trocken-Feuerlöscher, einen Drehspieß mit Elektromotor, eine Spicknadel, eine elektrische Gewürzmühle und einen Zerstäuber benötigt. Neben den nachfolgenden

Utensilien fand ich in dem Buch ein einziges Gerät, das auch ich zur Verwendung empfehlen würde: Omas Fleischwolf.

Also, wenn Konny grillt, gibt es genau drei Dinge als „Zubehör“:

1. **Eine Draht-Grillbürste**

2. **Eine Zange zum Wenden der Steaks und Würstchen**

3. **Arbeitshandschuhe für die ganz heißen Momente**

Wer will, kann sich dann noch gerne eine Grillschürze umbinden, da kommen wir aber schon in den Bereich „lustige Accessoires“. Na ja, zum Händeabwischen mag das noch durchgehen.

In Sachen Kohle vertraue ich auf handelsübliche Holzkohle, aber Eierbriketts tun es in jedem Fall auch. Verzichten sollte man allerdings auf Beschleuniger. Damit beschleunigt man nämlich höchstens, dass das Essen schneller schlecht schmeckt. Ist fast ein Zungenbrecher: Schnell schön schlimmer Beschleuniger beschleunigt, dass Fleisch-Schleim schon schnell schlecht schmeckt! Hier in Amerika benutzen die Leute natürlich dauernd so was. Mit Spiritus getränkte Holzkohle ist der Renner. Hauptsache, es geht fixer, da verzichtet man eben auf den guten Geschmack.

Temperaturanzeiger am Deckel, daneben Konnys Cowboyhut.

MANUS KOMMENTAR: Für mich sind neben den Grill-Utensilien noch ein paar andere Dinge wichtig. Zum einen kann es nicht schaden, ein wenig Musik beim Essen (und auch beim Kochen) zu hören. War ich lange „Frau Tütensauce", so ist Konny in dieser Hinsicht wohl „Herr Hitparade", der, wenn überhaupt, hört, was eben gerade im Einkaufsladen läuft. Ich hingegen suche mir die Musik zu den kleinen Anlässen des Lebens gerne selber aus und höre zum Beispiel auch für mein Leben gerne Musik beim Autofahren. Zum anderen habe ich auch meist einen Fotoapparat griffbereit, und viele der Bilder in diesem Buch sind entstanden, weil bei mir immer auch eine Kamera in der Nähe ist (und ich meine nicht die von RTL). Eine der nächsten Anschaffungen im Hause Reimann wird daher eine professionelle Kamera sein. Vielleicht gibt es dann ja schon bald Würstchen in Nahaufnahme auf unserer Website oder Konny, wie er sich an seinem Bunsenbrenner die Finger ankokelt.

Konny wartet, bis die Steaks endlich fertig sind!

KONNYS GRILLGESETZ

Eigentlich kann man unser beliebtes Grillen am See auf der Terrasse von Konnys Hafenkneipe auf drei simple Faustregeln oder Gesetze, wenn man will, runterbrechen:

1. Viel Zeit: Bei uns wird auf das soziale Moment geachtet. Wir legen viel Wert darauf, dass man gemütlich zusammensitzt, klönt, ein paar Bierchen trinkt, den See und die Umgebung genießt und nicht in irre Hektik verfällt. Wir haben keine Eile. Im Gegenteil, wenn hier einer unruhig wird, sag ich dem: „Jetzt komm ma ersma wieder runter, setz dich hin und iss ein Steak. Oder trink Bier, nach der alten Devise: Nicht lang schnacken, Kopf in' Nacken!"

2. Heißes Feuer: Wenn man nicht ordentlich Temperatur in den Grill reinkriegt, verliert man beim Geschmack. Natürlich darf man nix zerkochen oder kohlschwarz braten, aber Hitze ist ein elementarer Bestandteil der ganzen Angelegenheit. Mit so ner Saunawärme kommste da nicht weit.

3. Gutes Fleisch: Wer beim Einkauf spart, spart auch am Ende beim Essen. Da kann ich ja gleich zu einer Fast-Food-Kette gehen. Bei uns gibt's Slow Food, und zwar vom Feinsten! Unseren Gästen verlangen wir dabei nur genau den Preis ab, den wir auch beim Schlachter bezahlt haben. Wir wollen da nichts dran verdienen. Alle sollen eine gute Zeit haben, ich besorg das Fleisch und mach den Grill klar. Wer Salate mitbringen will, ist herzlich willkommen, aber gutes Fleisch macht der Meister.

MANUS KOMMENTAR: Zum guten Fleisch von Konny gibt es immer einen Homemade Salat und einen leckeren Nachtisch – auch das ist Gesetz!

DAS ESSEN

FLEISCH

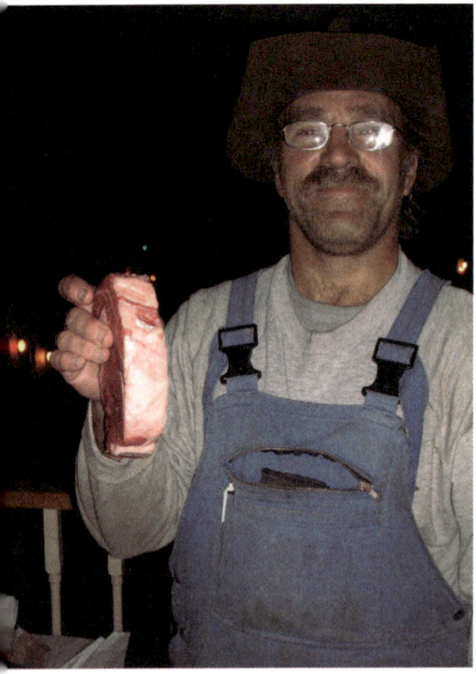

Konny mit einem Rib-Eye-Steak. Diese werden ca. 3 cm dick geschnitten.

Generell kann man meines Erachtens alle möglichen Arten von Fleisch nehmen, wie einem der Schnabel gerade gewachsen ist. Ich achte allerdings immer darauf, dass ich sehr gutes Fleisch kaufe. Ich fahre jedes Mal selber zu unserem speziellen Fleischer und hole da alles für unsere Familie und auch die Gäste! Gegrillt wird vor allem Rind oder Schwein. Schwein ist immer etwas günstiger, hat aber in Texas keine echte Tradition. Als Stücke kommen neben den texanischen T-Bone- oder Rib-Eye-Steaks aber auch Nacken-Karbonade (Kotelett) oder was auch immer auf Lager ist, in Frage. Der Fleischer, den wir hier nach einer Weile von Werner, dem Rancher, empfohlen bekommen haben, sitzt in Muenster. Ich hoffe, ihr habt alle mein Buch gelesen, denn dann wüsstet ihr, dass ich *nicht* jedes Mal nach Westfalen in Deutschland reisen muss, um Fleisch einzukaufen. Wir haben hier doch unser eigenes Muenster, und da sitzt der Knabe mit dem tollen Fleisch. Inhaber ist ein Mann namens

Gesalzen und gepfeffert werden die Rib-Eyes für ca. 2–3 Minuten gegrillt.

Mr. Fisher (ausgerechnet). Sein Fleisch kommt von wirklich „glücklichen Rindern“, die stehen ihr ganzes Leben auf der Weide bei besten Wetterbedingungen. Ich kenne Menschen, die würden gerne so ein Leben führen, wie es hier die Rinder haben. Na ja, bis aufs Schlachten natürlich. Eigentlich ist der Laden ein kleiner Familienbetrieb-Supermarkt, aber ihr Hauptgeschäft machen die Fishers mit der Schlachterei. Der Chef ist schon knapp über 70 Jahre alt, seine Vorfahren sind Deutsche, sein Vater konnte sogar noch Deutsch sprechen. In dem Laden gibt es Würste nach alten Rezepten, Bio-

Fleisch und allerlei andere Leckereien. Natürlich ist es etwas teurer, aber wer einen Mercedes fahren will, darf auch nicht mit Skoda-Preisen rechnen. Qualität hat eben ihren Preis. Die Fishers haben derart gute Ware, dass ihre Kunden sogar aus Dallas kommen, um einzukaufen, was immerhin eine Stunde Fahrt hin und eine zurück bedeutet. In Münster gibt es noch drei andere Schlachter, fast alle mit deutschen, wenn nicht sogar bayerischen Vorfahren.

Diese Seite: Country-Style-Rippchen – gewürzt, gegrillt und endlich serviert.
Rechte Seite: T-Bone-Steaks – diese sind fast fettfrei und dünner als Rib-Eyes.

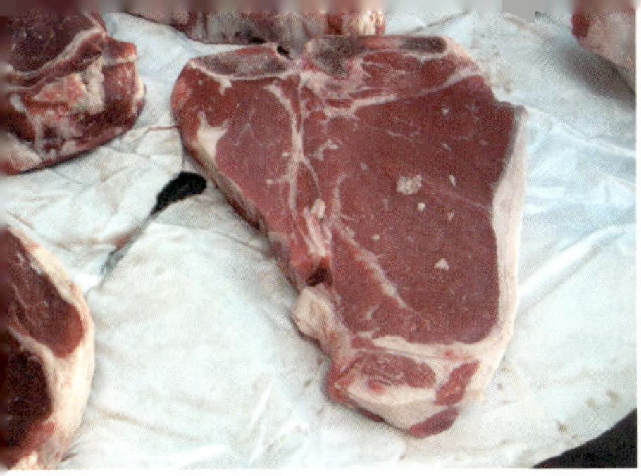 

Hier kaufe ich also unsere Steaks, T-Bone-Steaks zum Beispiel, die so gut wie kein Fett haben, oder ein paar Rib-Eyes, mit etwas mehr Fett, welches aber letztlich auch für den guten Geschmack zuständig ist. Das Rib-Eye sollte ungefähr 3 cm dick sein, das T-Bone dünner, Letzteres ist demnach auch etwas schneller fertig. Ein Grund, auch mal Koteletts zu kaufen, ist, dass diese auch am nächsten Tag noch genießbar sind, was man von Steaks nicht unbedingt behaupten kann. Hähnchen als halbe Hähnchen oder Schenkel kann ich fürs Grillen nicht so sehr empfehlen. Es dauert sehr lange, und man muss die Stücke öfter bewegen, wenden und nachsehen, was sich tut. Im Gegensatz zu Steaks kann das schon mal 20 Minuten dauern.

Geflügelspieße brauchen nicht viele Zutaten. Paprika, Zwiebeln und Puten- oder Hähnchenfleisch genügen. Das Ganze kommt auf Holzspieße.

Leicht gesalzen und gepfeffert kommen die Spieße auf den hinteren Rost des Grills.

Manu mag trotzdem lieber Geflügel, das wir dann aber vorher in dünne Scheiben schneiden, damit es genauso behandelt werden kann wie der Rest des Fleisches. Ich persönlich finde, dass Steaks aromareicher sind, Hähnchen schmecken irgendwie „labberlich". Pro Person kaufe ich immer ungefähr ein Kilo Fleisch. Das mag zunächst viel erscheinen, aber bei uns vergammelt nichts. Bleibt am Abend tatsächlich etwas übrig, bekommt es Murphy. Wird etwas gar nicht erst gegrillt, stecke ich es in die Tiefkühltruhe, und spätestens nach sieben Tagen sind auch diese Stücke den Weg alles Irdischen gegangen. In Texas, wie in ganz Amerika, wird das Fleisch gerne mariniert. Wir machen das fast nie, fügen dem Fleisch lieber nachträglich Saucen zu. „Steak Natur" ist immer noch am leckersten. Is' so. Allerdings darf ich an dieser Stelle ruhig meine Knoblauch-Marinade erwähnen, die ich in früheren Tagen ab und zu angefertigt habe: Hierfür brate ich etwas Knoblauch mit kleingeschnittenen Zwiebeln an, vermische alles mit Öl und wende das Fleisch darin. Auch hier gilt: Weniger is(s)t mehr. Ich brauche keine „fancy" Zutaten aus Fernost oder den Hügeln Chiles, um einen tollen Geschmack zu bekommen. Wenn man eine feine Zunge zum Abschmecken hat, reicht eine derart simple Marinade aus. Als ich die beschriebene das erste Mal angefertigt hatte, war sie so lecker, dass ich sie fast getrunken hätte. Ein weiterer wichtiger Punkt: Nicht überwürzen. Wenn am Ende alles fertig ist, sollte man darauf achten, nicht zu viel weitere Gewürze auf das Fleisch zu hauen. Der natürliche Geschmack ist wichtig. Selbstverständlich kann jeder machen, was er will, aber die Erfahrung zeigt, dass das hochwertige Fleisch, so wie es ist, lediglich vor dem Grillen mit etwas Salz und Pfeffer gewürzt, ausreicht.

Fertiggegrillte Putensteaks.

Pferdefleisch ist übrigens in Texas verpönt. Wahrscheinlich essen sie nicht so gern Tiere, auf denen sie reiten. Ich werde ab und zu gefragt, warum ich das Fleisch beim Grillen nicht mit Bier besprenkele. Die Antwort kennt ihr jetzt: Ich selber mache das einfach nicht so gerne, da auch das den ursprünglichen Grillgeschmack verfälscht. Aber ein grundsätzlicher Gegner davon bin ich nicht, soll jeder so machen, wie er will.

BRATWÜRSTE

Unser jetziger Grill hat zwei Schienen, eine zweite Grillebene, die in den Deckel integriert ist und sich beim Schließen in die Mitte vom gesamten Grill schiebt. Diese Stelle ist ideal, um darauf Würstchen zu grillen. Sie sind dort direkt dem Rauch und nicht so sehr der direkten Hitzeeinstrahlung ausgesetzt. Auch Paprikastücke, Zwiebeln, Tomaten oder Fleischspieße bekommen hier ihren besten Geschmack. Bei dem Gemüse muss jeder selber ausprobieren, wie lange es im Grill bleiben muss, je nachdem, ob man es lieber weicher oder fester isst. Alles, was oben im Grill liegt, hat den intensivsten Räuchergeschmack! Platzen dürfen die kleinen Dinger aber nicht, sonst läuft das Fett und somit oft auch der Geschmack raus.

FISCH

Manchen mag es wundern, doch obwohl ich ein Nordlicht bin, bin ich kein großer Freund von geräuchertem Fisch. Bei mir heißt das Grillrezept eigentlich „Fleisch mit Fleisch", auch wenn ich natürlich auf ein paar leckere Zutaten zurückgreife. Doch eines Tages kam Dagmar Vetter (RTL) mit Lachs an und fragte, ob dieser nicht auch auf dem Grill landen könnte. Ich sah sie ein bisschen von der Seite an und war skeptisch. Aber der Kunde bzw. der Gast ist König, oder in diesem Fall Königin, also schmiss ich das tote Wassertier auf den Grill. Ich legte den Lachs ganz an die Seite und brutzelte ihn auch nur von einer Seite. Bei Fisch bekommt man so die besten Ergebnisse. Als das Vieh fertig war, hab ich auch mal probiert, war doch etwas neugierig geworden. Ich muss sagen, das war der beste Lachs, den ich je gegessen habe! Trotzdem hat das Fleisch bei uns nach wie vor den Laden im Griff. Lediglich wenn Dagmar kommt machen wir mal ne Ausnahme, für sie mache ich auch gerne meinen inzwischen ebenso gelungenen geräucherten Grillfisch. In Zukunft wird sich die Fischquote aber erhöhen. Jetzt, wo ich etwas mehr Zeit dazu habe, werde ich natürlich öfter mit den Gästen auf dem Steg sitzen und im Moss Lake angeln. Die neu gewonnene Freiheit will ich bald schon auch dafür nutzen, ein Spülbecken direkt an den Steg zu bauen, so dass man die Fische sofort

Selbstgefangener Fisch aus dem Moss Lake.

säubern, ausnehmen und gleich im Anschluss grillen und essen kann. *So* muss es sein! Wels, Barsche, all die leckeren Schwimmer vor unserer Nase kommen dann auf den Tisch. Eben noch beim Unterwasserausflug im See, jetzt schon bei Reimanns und ihren Gästen aufm Teller. Ich bin überzeugt, dass es im Reich der gegrillten Fische noch viel zu entdecken gibt, und mit meiner neu gewonnenen Zeit im Rücken werde ich auch noch das letzte Geheimnis lüften. Finger weg jedenfalls von Fisch aus dem Supermarkt – hier in Gainesville gibt es ohnehin keine große Auswahl, und was man findet, ist wirklich nicht zu empfehlen. In Dallas mag das etwas anders aussehen. Aber im lokalen Wal-Mart gibt es bereits für 18,– Dollar eine komplette Angelausrüstung, wer will da noch an muffigen Theken stöbern? Nicht wenige unserer Gäste haben sich bereits entsprechend ausgerüstet und dann ihre Haken in den Moss Lake geworfen. Da die wenigsten den ganzen Kram am Ende mit nach Deutschland tragen wollen, haben wir inzwischen sechs Angeln! Zwei weitere sind in den See gezogen worden, als unsere Urlauber sie am Steg einen Moment haben liegen lassen. Einer, der mit mir künftig bestimmt die eine oder andere Tour unternehmen wird, ist Franz, von dem ich ja schon in meinem Buch berichtet habe. Er und seine Frau Beate haben inzwischen die Green Card gewonnen und werden demnächst wohl öfter in der Gegend sein.

HAMBURGER

Das Thema „Hamburger" ist so eine Sache in Amerika. Jeder denkt dabei ja erst mal an Fast Food. Wir sind allerdings ziemliche Gegner von Fast Food. Allein der Begriff! Wieso sollte ich schnell essen wollen? Entweder ich esse wenig oder ich esse viel, aber das Ziel sollte nicht sein, schnell zu essen. Außerdem macht Fast Food nur dick. Bei all den Ketten, die das Zeug anbieten, gibt es jedoch schon Unterschiede. Denny's zum Beispiel machen ihre Sache ziemlich gut, da kann man schon ab und zu mal reinschauen. Und bei unseren Freunden von den Dieter Bros. sowieso. Ihr erinnert euch? Das ist so etwas wie unsere lokale Burger-Heimat, wenn wir auswärts essen. Am allerbesten sind aber selbst gemachte Hamburger. Konny-Burger. Die werden allerdings so groß, dass man sie gerade so noch mit zwei Händen greifen kann. Meinen ersten Hamburger habe ich erst vor ungefähr 17 Jahren gemacht. Ein Koch-

Gute Zutaten sind für den Hamburger Pflicht!

KONNY-BURGER

Zutaten für 4 Personen

Für die Hacksteaks:

5 große Rindersteaks
2 Gemüsezwiebeln
4 Knoblauchzehen
1 Brötchen vom Vortag
Salz, Pfeffer

Für die Sauce:

je 150 ml
Steak-Sauce
Barbecue-Sauce
Texas-Salsa

1. Von den Steaks die Fettränder abschneiden. Das Fleisch grob in Streifen schneiden und durch den Wolf drehen. Die Zwiebeln abziehen und fein hacken. Knoblauchzehen durch die Presse drücken und zur Fleischmasse zugeben.

2. 1 Tasse Konny Island Steak Sauce mit Konny Island Barbecue Sauce und Konny Island Texas Salsa je nach Geschmack dazugeben und die Fleischmasse mit Salz und Pfeffer abschmecken.

Leckerer Konny-Burger.

Jason geniesst Konnys Burger.

buch brauchte ich allerdings nicht dafür. Ich hab mich einfach hingesetzt und überlegt, wie das meine Mutter damals gemacht hat. Das ging am Anfang ganz schön schief, weil ich vergessen habe, das Brötchen einzuarbeiten, und mir das Fleisch auseinandergefallen ist wie Rollsplit. Als Fleisch nehme ich für meine Hamburger kein fertiges Hack mehr. Es hat immer Zusätze. Bei meiner Variante drehe ich Steaks durch den Fleischwolf, löse ein altes Brötchen in Wasser auf, tue Zwiebeln, Knoblauch und unsere eigenen Saucen dazu und verarbeite das zu einem ordentlichen und haltbaren Klumpen Hamburgerfleisch. Zwei Zentimeter hoch muss das dann schon sein. Auf diese Weise habe ich sie auch schon in Hamburg (wie passend) gemacht. Wenn es am Ende kein Riesenteil von Hamburger ergibt, ist irgendwas falsch. Ein einziges Mal haben Jason und Janina vorgefertigte Hamburger vom Supermarkt gegessen. Oder sagen wir, sie haben es versucht. Die Teile waren so schlecht, dass die beiden sie nur mit Mühe zu Ende gegessen haben. Dass die Dinger wirklich nur aus Schrott zusammengesetzt waren, merkten wir, als selbst Murphy das Angebot dieser Giftbrötchen ausgeschlagen hat. So ganz kann man dem Fast-Food-Wahn jedoch nicht entgehen. Hier findet man nur schwer etwas Gesundes zu essen. Jason zum Beispiel ist quasi umzingelt von Burger-Buden, die fast schon zum Inventar der Unis gehören, und musste sich so, genau wie Janina, schon weit mehr dem amerikanischen

Lebens(mittel)stil anpassen als Manu und ich. Aber auch sie kehren nicht zuletzt wegen dem Duft der großen Konny-Burger oft zu uns zurück: Schöne Brötchen mit Sesam, qualitativ hochwertiges Fleisch, frische Salatblätter, manchmal auch etwas Käse und inzwischen dazu natürlich meine eigene Sauce. Auch Zwiebeln und Gurken sind gern gesehen. Alles wird von mir in Jumbo-Größe geliefert bzw. so zahlreich verwendet, dass die Hände schon ordentlich zupacken müssen. Während sich die Salsa-Sauce im Grunde für alles eignet (zum Vorbereiten von diversen Mahlzeiten und selbst für Rühreier), bevorzuge ich für den Hamburger die Barbecue-Sauce. Je nach Laune nehme ich aber auch meine Meerrettich-Sauce (wie ich die mache, erkläre ich euch später) oder Mayonnaise. Was bei mir nie beim Kochen, gerne aber hinterher benutzt wird, ist Senf. Zum Kochen taugt der meines Erachtens nicht, aber auf Würstchen oder Fleisch schmier ich mir das Zeug gerne mal. Der scharfe deutsche Senf aus Düsseldorf ist dabei im Grunde unerreicht.

Hamburger mit Hamburger.

ANDERE GERICHTE, KLEINIGKEITEN & ZUTATEN

Sollte jemand einen Appetitanreger benötigen, so empfehle ich ein paar Taco-Chips mit, na klar, Salsa-Sauce. Hierbei muss man nur aufpassen, dass man seine Sucht im Griff hat. Man kennt das ja mit Chips, geht die Hand einmal zur Tüte oder in die Schüssel mit den leckeren kleinen Biestern, hat man, eh man sich's versieht, eine ganze Ladung vertilgt, und dann schreit der Magen nicht gleich wieder nach einem 5-Kilo-Steak. Wenn es einem allerdings gelingt, sich in Zaum zu halten, ist das ein netter Einstieg in den Grill-Abend. Als Hauptspeise kann man mich in jedem Fall auch mit Spießchen richtig glücklich machen. Paprika, Zwiebeln, Fleisch und was auch immer unsere Gäste noch so anschleppen – das kommt alles auf einen kleinen Holzspieß auf die obere Ebene im Grill. Dazu lässt sich dann auch sehr gut ein frischer knackiger Salat mit Tomaten in Öl essen. Viele Gäste bringen dazu noch Auberginen oder Zucchini. Für mich ist das nicht der ganz große Wurf, aber zur Abwechslung für alle anderen ist das natürlich immer willkommen. Manchmal bringen unsere Gäste ihre eigenen Salate mit, die oft mit sehr einfallsreichen Zutaten erstellt wurden. So lernen wir Reimanns ab und zu neue Rezepte kennen, und es wird nie langweilig, wie ihr im Rezeptteil dieses Buches sehen werdet.

Salsa und Chips ...
vor dem BBQ

Ebenso gerne lege ich eine in Alu-Folie gepackte Kartoffel in die Glut des Grills. Die kann man dann später mit einem Teller voller gegrillter Fleischstücke kombinieren und sich beim Sternezählen auf der Zunge zergehen lassen. Dabei ist die Kartoffel in Texas alles andere als populär. Der Amerikaner braucht die in Deutschland so verehrte Knollenfrucht nur für die Herstellung der beliebten French Fries (Pommes Frites), und die gibt es ja bereits fertig zu kaufen. Selbermachen kommt nicht in Frage. Von daher ist es erstaunlich, dass in amerikanischen Supermärkten überhaupt Kartoffeln erhältlich sind. Ich habe das Gefühl, dass von 150.000 Wal-Mart-Besuchern vielleicht zwei Kartoffeln kaufen. Und einer davon bin ich. Bei uns in der Familie mag vor

Ungeschält und in Alufolie gewickelt werden die Kartoffeln mitgegrillt.

allem Janina diese „Rauch-Kartoffeln“, die ich besonders lange in der Glut liegen lasse. Die Außenhaut der Kartoffel fängt an zu verbrennen und garantiert so später einen sehr speziellen rauchigen Geschmack. Die Schale ist am Ende verbrannt, aber das Innere dafür umso leckerer. Von gegrilltem Mais würde ich eher abraten. Man kann das machen, aber hier entfaltet der Rauch, der so schön allem anderen seinen Stempel aufdrückt, keine Wirkung. Wir haben das probiert, mit dem Ergebnis, dass der Mais am Ende aussah wie eine Riesenbiene, verkohlte Streifen gemischt mit essbarem gelbem Rest. Hier sollte man auf den guten alten erhitzten Wassertopf vertrauen. Oder das Zeug wie einer unserer Besucher einfach roh vom Kolben nagen, auch wenn das für mich nix ist. So oder so kann Mais immer hervorragend zum Grillfleisch gegessen werden. Hier und da benutzen wir auch mal Jalapeños, wenn uns der Sinn nach ein wenig Feuer im Rachen steht. Die eingelegten grünen Paprikas sind in Texas in allen erdenklichen Formen, Aromen und Schärfegraden zu haben. Dabei kann ich aber nur zur Vorsicht raten, die Dinger explodieren bei zu schneller oder zahlreicher Einnahme im Hals wie verärgertes TNT. Ich selbst benutze sie am liebsten für Gulasch oder meine berühmte Pilzpfanne. Doch auch dabei darf es einem nicht Löcher in den Hemdkragen brennen. Ich habe genug Leute kennengelernt, die Jalapeños als Mutprobe oder Nachweis der Männlichkeit angesehen haben. Denen lief der Schweiß schon in die Socken, da saßen die noch mit feuerrotem Kopf am Tisch und haben gelogen, dass alles in Ordnung sei, sie würden das so mögen. Dass sie dabei noch geschmeckt haben, ob sie gerade ein Steak oder einen alten Lumpen verspeist haben, wage ich zu bezweifeln. „Ja, her damit, ich kann das ab!“ ist die Losung, mit der sich viele ins Verderben stürzen und am Ende des Abends der beste Freund des Bierkastens werden. Die wenigsten können sich eingestehen, dass ihre Belastbarkeit Grenzen hat, dabei ist es so einfach. Für mich gilt: Ja-

Janinas Feier zum 21. Geburtstag.

lapeños bringen scharfen Geschmack; wenn sie nur ätzende Schärfe bringen, nützen sie mir nichts. Weniger scharf, dafür aber nicht minder lecker ist mein Knoblauchbrot. Dafür eine Anleitung zu schreiben ist eigentlich Quatsch. Baguette aufschneiden, Knoblauchbutter drauf. Klingt machbar, oder? Da bei uns die Gäste zuerst in Konnys Hafenkneipe ihre Teller und Salate holen und dann an meinem Grill und mir vorbeikommen, gebe ich jedem zuerst sein Stück Fleisch und lege dann, wenn mehr Platz auf dem Grill ist, das Knoblauchbrot drauf, damit man es kurze Zeit später wie ein en lecker rauchigen Knoblauchtoast essen kann. Als Sauce haben wir früher, wir sprechen hier von ungefähr vor zehn Jahren, sehr gerne eine brillante Aioli-Sauce von Jan genommen. Der Kerl hatte, bei allem Ärger, den ich mit ihm hatte, doch viele Talente, und eines war seine Aioli-Sauce. Als er irgendwann vom texanischen Erdboden verschwunden war, musste ich mir selber helfen und habe versucht, sie nachzumachen. Zwar ist mir das nicht ganz gelungen, aber dafür habe ich meine eigene Version erfunden. Für mich durfte die Sauce ruhig etwas üppiger sein, also habe ich Meerrettich, Sahne-Meerrettich und Quark beigefügt. Die genaue Beschreibung, wie man die anfertigt, kommt später bei „Konnys Wok-Grillen“, zu dem sie sich vielleicht am allerbesten eignet.

NACHSPEISEN

Von Manus brillanten Nachtischen mag ich wahrscheinlich ihre Schwarzwälder Kirschtorte am liebsten. Aber aus ihrem Angebot eine einzige Sache herauszupicken, wäre so, als müsste ich meinen Lieblingsmeter Wasser im Moss Lake benennen. Unmöglich! Sucht euch am besten selbst aus dem Rezeptteil raus, was euch gefällt. Schmecken tut alles!

Ricks Frau Kathy hat ein Rezept für eine Art amerikanischer Cremetorte, mit verschiedenen Schichten, hinter deren Rezept wir schon länger her sind. Ich weiß noch, dass dies die erste Torte war, die mir in Amerika geschmeckt hat. Fast alle anderen Torten oder Kuchen, die man hier so angeboten bekommt sind reine Fettschlachten. Artifizielle Creme, ein Zucker-und Sahne-Massaker ohnegleichen und selbst das Auge weigert sich beim Anblick mitzuessen. Irgendwie mutet das immer an, als müsse man in die Deko eines

Comicfilms reinbeißen. Alpträume in Pink und Blau. Ricks Frau hingegen hat mit ihrer Torte den Bogen raus, das zergeht auf der Zunge und versetzt einem nicht den ultimativen Zuckerschock. Kathy ist zurecht sehr stolz auf das (Geheim-)Rezept, weil dies schon ihre Ur-Großmutter angewandt hat und in der Familie von Generation zu Generation weitergereicht wird. Wir haben es nach zwei Jahren immer noch nicht geschafft, sie zu überreden, es rauszurücken, aber wir bleiben am Ball ...

In Texas werden sehr viele Wassermelonen angebaut. Sollte es je einen Notstand geben in diesem Staat, kann man sich auf eine gute Versorgung mit den Dingern wohl immer verlassen. Dementsprechend oft und viel kaufen wir auch davon. Bei Temperaturen von 35 bis zu 50 Grad, gibt es kaum etwas Erfrischenderes, als eine aufgeschnittene Wassermelone, die am Ufer auf einen wartet, wenn man von einer kleinen Schwimmrunde zurückkehrt. Auch nach dem Essen wird darauf gerne zurückgegriffen. Zudem kann man sich darauf verlassen, dass die Melo-

Manus Schwarzwälder Kirschtorte zu Konnys 50. Geburtstag.

Manus Brownies-Rezept gibt's auf Seite 104.

nen hier nicht chemisch behandelt werden – und schmecken kann man das auch. Wenn man amerikanisch vorgehen will, dürfen natürlich auch geröstete Marshmellows nicht fehlen. Die muss man dann auch gar nicht zwangsläufig in ein Lagerfeuer halten, sie können auch über der noch heißen Glut des Grills an Zweigen schmelzen und schmecken. Hierfür kann man auch lange Spieße kaufen, die mir allerdings oft zu kurz sind und somit schnell die Fingerkuppen schwarz und heiß werden lassen. Die Portion Zucker kann man sich zum Nachtisch schon gönnen. Denn nix anderes als karamellisierter Zucker sind Marshmellows ja.

MANUS KOMMENTAR: **In diesem Kapitel lasse ich mal lieber meine Rezepte sprechen, für die man übrigens nicht unbedingt die Scheinwerfersonne braucht, wie wir sie hier haben. Das lässt sich alles auch mühelos bei Nieselregen produzieren. Deutschland hat ja auch genug Gärten, Grünflächen, Parks und Campingplätze, an denen man das alles wunderbar nachahmen kann.**

Der „4th of July"-Cake bereit zum Anschnitt. Rezept auf Seite 114.

REZEPTE

LIEBLINGSTELLER

Wenn ich eine Art Lieblings-Grillteller zusammenstellen müsste, würde der wie folgt aussehen:

Rib-Eye: Mein absolutes Lieblingsfleisch. Das darf ruhig etwas fettiger sein, das macht gar nix. So was wie Cholesterin ist mir sowieso egal, der Geschmack ist wichtiger. Ich sag immer: Man muss ja nicht fünf davon essen. Und dann ist das Cholesterin auch egal. Dazu kommt dann eine von meinen drei Saucen, am liebsten nehme ich die Barbecue-Sauce, die zweite, die mir Markel damals zum Moss Lake gebracht hatte. Auch ein paar gegrillte Paprika und Zwiebeln dürfen dabei sein. Vor dem Essen trinke ich gerne ein, zwei Bierchen und nach dem Essen noch eins. Aber ganz wichtig: Das Fleisch esse ich ohne Beilagen, selbst die Saucen platziere ich nur am Rand vom Teller. Ich kann es jedes Mal kaum erwarten, den ersten Bissen in den Mund zu bekommen, da darf dann nix stören, weder ein Getränk, noch der tollste Salat der Welt. Danach bin ich offen für entweder noch ein paar tolle Würstchen oder Rippchen (die in den USA besonders lecker sind, richtige Klopper, mit viel mehr Fleisch als in Deutschland), aber natürlich auch für einen Salat oder Kartoffeln. Außer Fleisch ist seit langem Kartoffelpüree mein Leibgericht. Das könnte ich wenigstens zwei oder drei Mal in der Woche essen. Zum Fleisch benutze ich neben meiner Steak- (Markel-Sauce #3) und Barbecue-Sauce oft auch eine Schale mit Meerrettich-Sauce. Selbst gemacht, versteht sich. Die kann man sprichwörtlich zu allem essen, Kartoffeln oder Gemüse reindippen, sogar aufs Fleisch draufschmieren oder auf Brot. Bitte nicht wundern, wenn ich euch hier ab und zu mal meine leckeren Saucen ans Herz lege, denn die sind wirklich gut, sonst würde ich sie ja nicht empfehlen. Und für alles gebe ich meinen Namen wirklich nicht her. Letztes Jahr sollte ich mal Jury-Mitglied bei einem Model-Wettbewerb sein. Das sah mir aber von vornherein schon aus, als wollten sie lediglich meinen Prominentenstatus benutzen, da hab ich gleich abgesagt. Und so merkwürdige Anfragen aller Art bekomme ich viele ...

Zum Vertrieb noch weiterer Saucen kam es überhaupt erst, als Markel eines Tages mit einer der Saucen bei uns erschien und sie mir anbot. Die Entscheidung, diese dann auch unseren Gästen und Freunden anzubieten. war schnell gefallen. Das Zeug war unglaublich lecker. Allerdings hatte Markel noch sechs weitere Saucen im Angebot, die alle nicht zu verachten waren. Da wir aber unmöglich alle Sorten vertreiben können, haben wir uns auf einen Test geeinigt. Eine Zeit lang haben wir alle sechs Saucen bei uns deponiert und sie durchnummeriert. Bei den drei folgenden Grillabenden haben wir dann die Gäste aufgefordert, von allen Saucen zu kosten und im Anschluss ihr Urteil darüber abzugeben. Jeder Teilnehmer der Grillabende hatte eine Liste mit allen Nummern, und erstaunlich genug kam jedes Mal dasselbe Ergebnis heraus. Die Nummern zwei und drei waren jeweils die Gewinner, und genau diese beiden bieten wir jetzt auch an.

Die eine ist eine sehr aromatische Sauce mit viel Honig, während die andere eine klassische scharfe, aromareiche Sauce ist. Dazu kommen noch unsere beiden Salsa-Saucen, mild-würzig und scharf, und schon hat man mit den Barbecue- und Steak-Saucen die vier denkbar besten Grill-Saucen beisammen. Leider kann man diese Saucen in Deutschland nicht nachmachen, weil allein die hinzugenommenen Tomaten hier ganz anders reifen als zum Beispiel die faden Tomaten aus Holland. Die texanische Sonne ist eben doch eine andere. Ganz abgesehen davon hat Markel natürlich sein Geheimrezept, welches er genauso wenig preisgeben wird wie Miraculix das Rezept zu seinem Zaubertrank. Aber keine Bange, an unsere Saucen kommt man dafür viel leichter.

MANUS LIEBLINGSTELLER

Genau wie bei Konny gehört zu meinem Lieblingsessen natürlich auch ein ordentliches Stück Fleisch. Hühnchen oder Pute sind dabei in meinem Fall die Favoriten. Doch anders als bei meinem Mann darf bei mir ein Salat oder auch ein gutes Knoblauchbrot nicht fehlen, welches ich mit dem Fleisch zusammen (und nicht zwangsläufig nacheinander) esse. Ebenso gerne nehme ich Konnys berühmte Bratkartoffeln und seine Saucen. Seine Champignon-Rotwein-Sauce fand bisher keine Erwähnung, ist aber der Hammer. Ein echter Kandidat zum Hineinlegen! Überhaupt könnte Konny eigentlich ein eigenes Buch nur mit Saucen machen, so lecker sind die. Gleiches gilt im übrigen für sein selbst gemachtes Eis. Das zentrale Element seiner Eissorten ist jedes Mal eine Sahne-Vanille-Grundmischung, zu der er dann wahlweise Kirschen, Schokostückchen, Ananas oder was auch immer für eine Geschmacksrichtung hinzumischt. Wenn Konnys Eis auf den Tisch kommt, nimmt die ganze Familie immer XXL-Portionen, so viel ist sicher. Jeder Italiener würde grün werden vor Neid. Ansonsten geht zum Nachtisch aber auch alles, was Schokolade enthält. Süchtig bin ich aber natürlich nicht danach. Muss jetzt Schluss machen, neben mir liegt ein Schokoriegel ...

GETRÄNKE

Zum Grillen gehört vor allem ein Getränk: Bier. Trotzdem bin ich dabei nicht ganz so wählerisch, wie es wahrscheinlich andere Deutsche sind. Das Bier hier in Amerika ist um einiges schwächer, daher muss man nicht ganz so sehr aufpassen, wie viel man davon beim Grillen trinkt. Bei deutschem schon eher. Schließlich muss ich einen klaren Kopf behalten, und das nicht nur, weil wir es hier mit einem Grill zu tun haben, der einem auch schon mal einen Vorgeschmack auf die Temperaturen in der Hölle geben kann. Nein, je später der Abend, desto verrückter oft die Ideen und an unserem See natürlich auch die Möglichkeiten, aber dazu gleich mehr. Das amerikanische Bier macht einen nicht so duselig, da sind 2–3 nicht so gefährlich. Andererseits trinke ich ohnehin gerne auch Milch zu meinem Essen. Beim Kochen in der Küche nippe ich auch mal an einer Flasche Wein, bevor ich deren Inhalt zum Kochen benutze, muss aber vorsichtig sein, dass ich da nicht schon frühzeitig anfange, Seemannslieder zu singen! Am Grill greife ich dann aber doch lieber auf Bier zurück. Und so ein Bud Light richtet nicht viel Schaden an. Im Gegenteil, ich bin der Meinung, dass Bier zu der Kultur des Zusammenseins dazugehört. Natürlich gibt es hier und da ein paar Kollegen, die beim Zählen ihrer Einheiten schon mal ins Schwanken geraten, aber bei der schwachen Brühe ist das doch eher selten. Die meisten unserer deutschen Besucher wissen ohnehin, dass das Ami-Bier etwas gruselig schmeckt, man dafür aber auch nicht so schnell knülle wird. Immerhin löscht es gut den Durst und fördert das Gemeinschaftsgefühl, da kann man beim Geschmack ruhig ein paar Abstriche machen. Ein paar Mal ist mir mein Fleisch wegen zu viel Bier-Genuss und infolge zu weniger Augen auf dem Grill verbrannt. Die „Ergebnisse" haben wir dann Murphy spendiert, der alte Knabe ist nicht so wählerisch, was die Garstufe von Fleisch angeht …

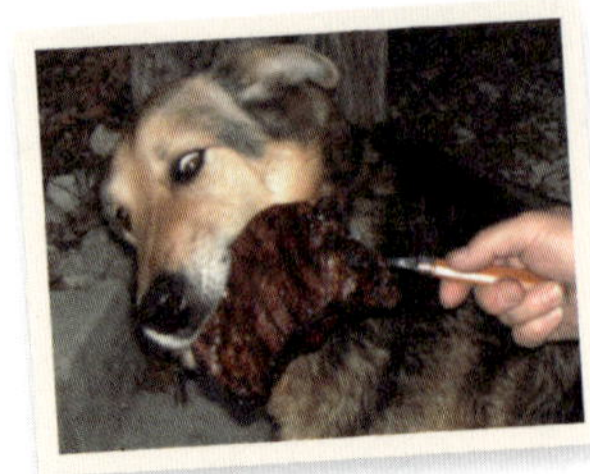

Murphy bekommt ein Steak.

MANUS LIEBLINGSGETRÄNK: Mein absoluter Lieblings-Cocktail ist eine Piña Colada. Aber auch einen einfachen Baileys mag ich gerne. Seitdem wir im Januar 2009 mit unserem RTL-Filmteam in Köln versumpft sind, steht auch Kölsch auf meiner Liste der Lieblingsgetränke. Als Ersatz tut's aber auch mal ein Schluck kaltes Bud Light von Konny.

KONNYS WOK-GRILLEN

Eines Tages kam meine Familie, die eigentlich ja genauso verrückt ist wie ich, auf die Idee, mit einem Wok zu grillen. Ich hab schon früher viel in der Küche mit einem Wok gekocht, aber das Ding in den Grill zu stellen, den Gedanken hatte ich noch nicht. Aber wer wäre ich, einen Vorschlag abzulehnen? Also haben wir es ausprobiert und das riesige Teil mit seinem langen Stil in der Glut des Grills platziert. Man muss lediglich etwas Öl reinkippen und dann das Drumherum richtig aufbauen. Wir nehmen uns dafür viele kleine Schälchen, in die wir Sojasprossen, Cashew-Kerne, Zwiebeln, Pilze und natürlich Fleischstücke füllen. Dabei achten wir bei allen Zutaten ebenso auf Qualität wie beim Fleisch, sprich, es kommen nur frische Pilze in die Schale, niemals welche aus der Dose. Zu den Zutaten essen wir am liebsten „Jans Knoblauchsauce" – ihr erinnert euch doch an Jan, oder? Das war der mit den vielen Talenten, unter anderem dem, zu verschwinden. Seine Sauce jedenfalls war Weltklasse. Da läuft mir schon vom Beschreiben allein das Wasser im Mund zusammen. Aber ihr sollt auch nicht leben wie ein Hund, also verrate ich euch mal, wie ihr diese Sauce selber machen könnt. Ich habe sie inzwischen zu „Konnys Meerrettich-Sauce" verfeinert:

Zunächst braucht man 250 g Quark. Das ist in den USA schon ein ziemliches Problem, denn manchmal stößt man im Land der unbegrenzten Möglichkeiten bei den einfachsten Dingen an Grenzen, Quark zum Beispiel hat nicht jeder x-beliebige Supermarkt. Dazu packt man dann zwei bis drei Knoblauchzehen, die durch eine herkömmliche Knoblauchpresse gejagt werden. Dann folgen ein Eigelb, ein gehäufter Teelöffel frischer geraspelter Meerrettich, drei Esslöffel Sahne-Meerrettich und ganz am Ende noch eine Prise Salz, ein Teelöffel Zucker und etwas Pfeffer. Die sich daraus ergebende Sauce passt hervorragend zu Konnys Wok-Grillen, kann aber eigentlich auch hervorragend für Steaks genommen werden. Speziell an Grill-Abenden hat sie sich aber bestens bewährt.

Konny kocht mit dem Wok auf dem Grill.

ANLÄSSE

„KULTURELLES GRILLEN“

Kommen wir nun zu einem ganz wichtigen Punkt beim Grillen – zum Anlass. Dieser ist nicht unwichtig, denn man muss schon einen guten Grund haben, um den Grill anzuschmeißen und das ganze Drumherum zu starten. Also machen wir das nur zu ganz besonderen Terminen, nämlich nur jedes Mal, wenn ein Wochenende anliegt. In Ausnahmefällen auch mal unter der Woche, aber dann muss schon so was wie höhere Gewalt, also großer Hunger oder immense Lust auf Grillen, vorliegen. Wie ihr seht, läuft der Grill bei uns keine Gefahr einzurosten.

Jede Gelegenheit ist uns recht, um die Mühle in Gang zu setzen. Wenn Gäste da sind, gibt es eigentlich gar keine Ausrede mehr, nicht zu grillen, aber auch alleine oder als Familie nutzen wir die Möglichkeit, so oft es geht. Wer will sich schon in die Bude hocken, wenn man einen See, eine Kneipe, einen Sonnenuntergang und gutes Fleisch vor seiner Nase hat?

Wenn also das Wochenende naht, feiern wir das gebührend. Wann hat

Linke Seite: Konny beim Bootfahren, Mitte: Abendstimmung am Moss Lake, rechts: Geburtstagsfeier von Konny und Manu im September 2008.

man schon mal ein Wochenende mit Gästen und Grill? Außer, ehhm, eben jedes Wochenende? Egal. Anlässe gibt es also genug, und wenn keiner vorhanden ist, erfinden wir eben kurzerhand einen. Heute ist Dienstag? Ah, war das nicht traditionell Grilltag? Heute vor 50 Jahren hatte Einstein Geburtstag? Ein Grund zum Feiern! Heute bin ich zum ersten Mal um 6.12 Uhr aufgewacht? Das schreit nach einem Grillfest! Da es in Texas eigentlich keinen Winter gibt, liegen unsere Grillabende nicht selten auch in den (in Deutschland) kälteren Monaten. Wenn das Wetter ausreicht – und hier reicht es oft aus – und die Dämmerung einsetzt, ist es so weit. Bis dahin muss (und will) ich aber arbeiten. Faulenzen is nich. Doch wenn die Grillzange erst mal in der Hand ist, kann's losgehen. Unter fünf Stunden kommen wir dann selten aus. Es gab auch schon Grillabende, die man guten Gewissens auch als Grillnächte bezeichnen kann. Nach dem Grillen bieten wir nicht selten unseren Gästen an, eine „Candlelight"-Tour mit dem Boot über den Moss Lake zu unternehmen. Diese führt uns einmal um den See, und sie heißt „Candlelight"-Tour, weil man am späten Abend nicht

Hafenkneipe bei Nacht.

etwa Kerzen auf dem Boot verteilt, die im Wind ohnehin ausgehen würden, sondern weil wir an den vielen Nachbargrundstücken vorbeikommen, auf denen man die Lichter der Häuser und Gärten sehen kann. Jedes Mal wieder ein toller Anblick. Auf dem Wasser trinken wir dann etwas oder gehen noch mal baden. Diese Touren sind es auch, die mich auf eine weitere Idee für die Zukunft gebracht haben, aber auch darauf werde ich später noch mal zurückkommen. Auch nachmittags haben wir schon solche Touren unternommen, natürlich ohne den schönen Lichter-Anblick, aber dafür meist mit heißen Temperaturen und der Möglichkeit, Haut und Haar im Wasser zu kühlen. Dabei schnappt sich jeder etwas, was schwimmt – Schwimmmatratzen, Schwimmwesten, Boote – und die Feier geht im Wasser einfach weiter.

Bei all den schönen Möglichkeiten gibt es zwei wichtige Regeln:

1. Nach einem Bier wird nicht mehr geschossen (egal, ob deutsches oder amerikanisches Bier). Zur Verteidigung von Grund und Boden haben wir, wie fast alle Amerikaner ja auch, eine Waffe, die unter Aufsicht auch mal ein Gast zu friedlichen Zwecken betätigen kann. Aber wie gesagt, mit Alkohol tritt auch eine Schusssperre in Kraft.

2. Nach mehr als zwei Bier fahre ich kein Boot mehr, zumindest nicht nachts und nicht schneller als Schritt-Tempo. Natürlich treibe ich gern am späten Abend mitten auf dem See und trinke einen guten Whiskey nach dem leckeren Essen. Aber danach kann es nur noch im Schritt-Tempo zurück zum Ufer gehen, schließlich weiß ich, was für einen Wert ich unterm Hintern habe und dass die Gäste sicher auch nicht gerne unfreiwillig baden gehen wollen. An Land kann man sich dann schon eher mal eine Whiskey-Cola genehmigen. Aber auch hier brauche ich höchstens einen Klecks Whiskey in meine Cola, für den Geschmack.

Das (nüchterne) Bootfahren nach dem Essen abends ist fast schon eine gute Tradition bei uns geworden. Rick und auch unsere Nachbarn von direkt gegenüber auf dem See kennen diese Angewohnheit schon, und es ist nur eine Frage der Zeit, bis auch der Rest der Bewohner von Moss Lake zum erweiterten Kreis des Reimann-Camps gehört. Dann müssen die Abende aber früher beginnen, denn ich ahne schon, dass wir dann bei jedem halten, trinken und plaudern müssen. Vielleicht sollte ich für den Fall lieber einen eigenen Kapitän anheuern, der uns herumfährt?

Liegt mal kein besonderer Grillabend an, legen Manu und ich trotzdem viel Wert darauf, dass wir als Familie abends zusammen essen. Wir finden, dass das als „kulturelles Familienereignis“ wichtig ist. Morgens zum Frühstück und mittags ist das bei uns schwierig bis unmöglich, und letztlich sind uns diese Mahlzeiten auch nicht so wichtig, aber am Abend ist es einfach schön und fördert den Familienzusammenhalt, wenn man zusammensitzt und isst.

Und auch mit den Gästen nenne ich unsere Grill-Abende und -erlebnisse gerne „kulturelles Grillen“. Ich will das gerne erklären. Es ist nicht etwa so, dass wir jeden Abend eine Band anheuern würden oder sonstiges zusätzliches Entertainment bieten. Nein, wir brauchen keinen Pausenclown, um einen „kulturellen“ Abend zu verbringen. Unser Grill ist so etwas wie der Klebstoff, der die Leute hier und die Gäste, die zu uns kommen, zusammenhält. Der Kontakt wird sofort enger und sprichwörtlich wärmer, wenn

Konny beim Aufessen der letzten Reste.

Manus immer wiederkehrender 25. Geburtstag.

man einmal zusammen im Freien hier am See gegrillt hat. Gemeinsam vorbereiten, langsam anfangen, was trinken, Essen holen und verspeisen, erzählen, Nachschlag und Nachspeise, weiter trinken, mehr erzählen, Boot fahren, schwimmen und noch mehr erzählen. Immer öfter hören wir inzwischen die Frage „Konny, wann grillen wir wieder?“, „Wann fahren wir wieder Boot?“ Allein jedes Mal, wenn ich meinen alten Chef Robin Wilson treffe, der längst ein guter Freund geworden ist, und ihn einlade, höre ich stets die ängstliche Frage „Konny, gibt’s auch wieder Steaks?“ Ich muss ihn dann immer schnell beruhigen. „Robin, habe ich dich schon jemals ohne Steaks eingeladen?“ Er grinst dann immer wie ein kleines Kind, dem gerade ein großes Eis versprochen wurde. Früher haben wir oft mit Wilson und seiner Familie im Park gegrillt. Zu jener Zeit wollte er mir noch zeigen, wie man das macht. Das war die Zeit, als er mich auch bei der Arbeit noch wie einen Azubi behandelt hat. Inzwischen weiß er, nicht zuletzt dank der Häuser am See, dass ich in der Lage bin, alle erdenklichen handwerklichen Dinge alleine und manche, wie er feststellen musste, erstaunlich gut auszuführen. Er weiß aber auch, dass er in Grill-Angelegenheiten keine Tipps geben muss. Mittlerweile lehnt er sich da immer zurück, verschränkt die Arme vor seinem Bauch und sagt mit einem entspannten Lächeln: „Konny, du bist der Grill-Meister."

Robin und Konny.

Mit Robin verbindet mich schon seit geraumer Zeit mehr als nur unsere Vorliebe für gutes Grillfleisch. Die Schnittmenge unserer Interessen ist in weiten Teilen identisch und dürfte in dieser Konstellation vielleicht einmalig sein. Beide mögen wir Schulbusse, Kälteanlagen, Camping und bei Letzterem insbesondere jenes beim Nascar Texas Motor Speedway Race zwischen Fort Worth und Denton. Ihr könnt euch nicht vorstellen, was bei diesem jährlichen Event los ist. Schon von weitem kann man bei der Anreise sehen, dass es sich hier mehr um eine Fahrt zur Feier-Hochburg handelt handelt als um eine normale Sportveranstaltung. Neben der eigentlichen Rennstrecke, auf der die vier Rennen an verschiedenen Tagen und zu unterschiedlichen Uhrzeiten stattfinden, umfasst das ganze Veranstaltungsgelände vielleicht eine Fläche von der Größe Hannovers! Straßen und Zufahrten werden schon Tage vorher gesperrt, damit sie nur von den Kolonnen der Teilnehmer und Camper genutzt werden können. Doch allein die verursachen schon ein mehr als ausreichendes Verkehrsaufkommen. Die Fläche des gesamten Geländes ist derart riesig, dass man sie mit bloßem Auge nicht annähernd erfassen und überblicken kann. Mehrere hunderttausend Wohnmobile werden hier jedes Jahr gezählt. Es ist ein Camping-Planet. Und trotzdem: Alles geht unglaublich friedlich über die Bühne, hier gibt es keine Bierleichen, Pöbeleien oder irgendwelche Ausschreitungen. Im Gegenteil, man wird ständig eingeladen, könnte sich durch tausende von aufgebauten Grillplätzen essen, würde Freunde für ein Dutzend Leben finden, kann Geschichten hören von Leuten aus aller Welt. Es ist einfach eine Grillparty, die ich so noch nirgends gesehen habe und wahrscheinlich auch nie wieder sehen werde (außer natürlich im nächsten Jahr an gleicher Stelle). Es gibt sogar Leute, die überhaupt nicht wegen der Autorennen da sind, sondern allein wegen der großen Feier, die einen über Tage alle möglichen Sorgen vergessen lässt. Es ist, als wären tausend Grillträume auf einmal wahr geworden.

Hier fahre ich also immer mit Robin hin und dann bauen wir unseren Grill auf, laufen über das Gelände und feiern hier und da mit und lassen uns durch die Tage treiben, als würden wir auf Schienen durchs Schlaraffenland gleiten. Wer auf derartige Feste steht und offen ist für neue Bekanntschaften bei Fleisch und Bier, der sollte sich das Datum des nächsten Camping Race des Nascar Texas Motor Speedway mit einem blinkenden Neonpfeil im Kalender markieren. Unwahrscheinlich, aber vielleicht treffen wir uns da?

MANUS KOMMENTAR: Ich habe bisher noch kaum einen Amerikaner gesehen, der mit Messer und Gabel isst. Ehrlich. Meistens haben sie ihre Gabel in der rechten Hand und die linke auf dem Schoß, nehmen eine leicht gebückte Haltung ein und dann rein damit. Uns ist es sehr wichtig, zusammen am Tisch zu sitzen, ohne dass der Fernseher im Hintergrund läuft, während die Amis oft Mikrowellen-Fertiggerichte bevorzugen und dabei fortwährend die Glotze an haben. In Konnys Hafenkneipe beim Grillen kommen diese Unterschiede nicht so zum Tragen; noch ein Grund mehr, sich dort zu versammeln – hier kann jeder so essen, wie er will (allerdings ohne TV!).

Unser neues Wasserspielzeug – eine Banane für 5 Personen

Rechts: Terrasse des Gästehauses Blankenese.

STORYS

Je später der Abend, desto wilder die Idee. So kann man das wohl bei uns zusammenfassen. Unsere Grillabende enden oft genug in Spinnereien, die – wer weiß ob nicht wirklich? – von gutem Fleisch und wahrscheinlich auch ein paar Alkoholika angeschoben, in unseren Köpfen Gestalt annehmen. Einer, aus dem immer wieder Ideen hervorsprudeln wie Wasser aus einem Springbrunnen, ist Rick. Schlimmer, oder besser, je nach Sichtweise, wird es, wenn er mit mir oder auch weiteren Gästen und Freunden zusammensitzt. Und noch schlimmer, wenn wir schon ein oder zwei Bier intus haben. Also, eine Idee war zum Beispiel, dass ich, der einzige Mensch, der auf *allem* surfen kann, der wahrscheinlich auch auf einem DIN-A4-Blatt surfen würde, dass ich also auf einer OSB-Platte über den See gleiten soll. Gezogen, mal wieder, von Rick und seinem Motorboot. Für all jene, die nicht wissen, was das ist: OSB steht für „oriented structural board“, das hört sich nach viel an, dabei handelt es sich nur um eine Spanplatte, wie sie besonders in den USA oft beim Hausbau verwendet wird. Sie besteht aus langen, schlanken Spänen und mehreren Schichten. Da sie mit relativ viel Klebstoff verarbeitet wird, ist sie etwas biegsamer als die in Deutschland allgemein bekannte „Pressspanplatte“. Wir haben die Idee, den US-Bauklassiker zum Surfboard zu adeln, immer weiter gesponnen, hatten vor, das Ding dann weiter durchzuschneiden, und wollten immer wieder neue Versuche unternehmen, also in Türgröße anfangen und uns bis zur Skateboardgröße heruntersägen. Wir sind nicht bis zu den kleinen Größen gekommen, und es gibt sicher idealere Fortbewegungsmittel auf dem See, aber gemacht haben wir es immerhin.

Bei einem anderen Plan, der erst in letzter Minute gestoppt wurde, sollte (und wollte) ich auf einem Surfbrett übers Wasser surfen, wie ich es schon oft gemacht habe. Dieses Mal sollte ich allerdings von einem Wasserflugzeug gezogen werden! Einer unserer Nachbarn hat so ein Gerät und war mehr als angetan von der Idee. Er war schon so gut wie auf dem Weg, das Flugzeug startklar zu machen, als ich immer noch den Plan in meinem Kopf herumdrehte und überlegte, wohin das wohl führen könne. Als ich ihm dann sagte, dass das eine klasse Geschichte wird, vor allem, wenn ich mit ihm davonfliege, wurden seine Augen etwas größer als üblich, und er hielt im Schritt an. „Davonfliegen?“, fragte er ungläubig. „Wenn ich abhebe, musst du natürlich loslassen!“, sagte er, als müsse man mir erklären, wie der Schraubverschluss einer Mineralwasserflasche funktioniert. „Loslassen? Wieso soll ich loslassen? Dann fängt der Spaß doch erst an!“ Ich war nicht davon abzubringen. Die Vorstellung, erst in einer Wahnsinnsgeschwindigkeit über den See zu gleiten und diesen dann unter meinen Füßen verschwinden zu sehen, nur um mich dann aus einer angenehmen Höhe vielleicht wieder in ihn reinfallen zu lassen, trieb Stoßwellen durch mein Blut. Mein Nachbar bekam allerdings mehr als leise Zweifel an der Qualität der Schnapsidee, als er sich ausmalte, wie ich lachend an seinem Flieger hänge und mir überlege, wann wohl ein guter Zeitpunkt wäre, meinem Leben ein Ende zu setzen. Wahrscheinlich lief er in seinem Kopf schon die Gänge des örtlichen Gefängnisses ab, in dem er in Handschellen künftig seine Runden drehen würde. Er sagte ab. Eines Tages werde ich ihn vielleicht so weit haben. Er muss mich wohl erst noch besser kennenlernen.

Wieder eine andere Idee, die noch der Umsetzung harrt, kam neulich von Rick und mir. Sie ist zweifelsohne toll und muss bald von uns realisiert werden. Wir wollen dabei einen alten Ohrensessel nehmen, an seine Füße Räder schrauben, die auf einer Art Abschussrampe laufen, und rechts und links an den Lehnen des Sessels je ein Bungee-Seil befestigen. Die beiden Enden der Seile werden dann an zwei direkt am Ufer des Sees im Boden steckenden Holzpflöcken festgemacht, und genau dazwischen wird eine Art Stopp-Balken montiert. Nun müssen wir an der Rückseite des Ohrensessels ein kurzes Seil anbringen, das wiederum an einem Traktor festgemacht wird. Der Sessel wird dann auf Schienen oder Rohre gesetzt, und der Traktor wird ihn in Richtung Landesinneres ziehen, bis das Bungee-Seil ordentlich gespannt ist. Wenn genug Spannung drauf ist, muss das Seil gekappt werden, so dass der Sessel, in dem natürlich ein Mensch sitzt, wie ein Katapult nach vorne schnellt. Der Mensch wäre mit sehr hoher Wahrscheinlichkeit ich, und der dann auf den Rädern in möglichst rasantem Tempo sich auf das Wasser zu bewegende Sessel würde im Idealfall bis zu dem Stopp-Balken rasen und mich im hohen Bogen in den Moss Lake schießen. Es wäre die erste Sitz-Zwille der Welt. Und wohl die erste Zwille, die einen Menschen befördert. Wir könnten sie die „Rickkonny"-Zwille nennen. Im Amerikanischen heißt das übrigens „slingshot", was meiner Vorstellung davon, wie sich das anfühlen soll, ziemlich nahe kommt.

Aber damit noch lange nicht genug. Wenn ihr glaubt, dass mein geplanter Leuchtturm oben im Haus das letzte hohe Monument sein wird, das ich bauen werde, habt ihr euch getäuscht. Moss Lake ist doch voller Möglichkeiten. Um euch einen anderen Plan vorzustellen, muss ich etwas weiter ausholen. Auf einer meiner früheren Reisen bin ich mit zwei Freunden mal zu einer sehr hohen und steilen Klippe in Südfrankreich gekommen, die nur übers Wasser zu erreichen ist. Wir sind durch den Atlantik dorthin geschwommen und wie Freeclimber bis ganz nach oben geklettert. Der Aufstieg war fast unmöglich, und so dauerte es eine ganze Weile, bis wir oben angekommen waren. Als wir es schließlich geschafft hatten, verursachte der Blick nach unten, 30 bis 40 Meter tief, selbst bei mir ein leises Kribbeln in den Beinen. Das ist so eine Höhe, bei der man vielleicht gerade noch wagt, einen klei-

Konny beim Windsurfen bei Sturm in Südfrankreich.

Manuela und Konny (mit Geburtstagsperücke) in der Hafenkneipe.

nen Stein hinunterzuwerfen. Schmeißt man etwas Größeres hinab, braucht man fast etwas Geduld, um den Aufschlag zu hören. Doch auf der anderen Seite war ich schon damals ein leidenschaftlicher Klippenspringer, Höhenangst kannte ich eigentlich nicht. Also standen wir bestimmt eine halbe Stunde lang am Rand der Klippe und rangen mit uns, ob wir es wagen sollten, hinunterzuspringen. Eigentlich hatten wir uns das schon im Wasser vorgenommen, doch von hier oben sah die Sache irgendwie anders aus. Aber es gab kein Zurück mehr. Zudem war es für mich so etwas wie eine philosophische Frage. Für mich war es an der Zeit, ein neues Kapitel in meinem Leben aufzuschlagen. Ich war etwa 35 Jahre alt und hatte vor, ein paar Dinge zu ändern, neu anzufangen. Da kam mir diese Klippe mit ihrem herausfordernden Blick gerade recht. „Hahaha, du wirst nie an mir herunterspringen, wirst du nicht, wirst du nicht", schien sie mir zuzurufen. Ein zusätzliches Problem war, dass man, wenn man an dem Vorsprung stand, das Ufer nicht sehen konnte, weil der steinige Abgrund einen kleinen Bogen zum Wasser hin machte. Wollten wir also springen, mussten wir weit nach vorne abspringen und uns quasi ins Nichts werfen und drauf vertrauen, dass wir im Wasser landen. Da es nur ein kleiner Felsvorsprung war, konnten wir auch keinen Anlauf nehmen, mussten also einfach einen großen Satz machen. Doch weil die Gesteinskurve sich unten wieder zum Festland bog, war das Risiko sehr gering, auf Stein zu landen und zu zerschmettern. Doch das sag mal deinem Unterbewusstsein, wenn es an so einer Klippe steht und dir den Magen umdreht. Deine Augen und dein Kleinhirn senden in so einem Moment eine eindeutige Botschaft: Spring nicht! Da unten lauert der sichere Tod, du bist erst 35 Jahre alt, du hast noch so viel vor dir, kletter wieder runter, und wir vergessen die ganze Sache. Wenn du nichts sagst, ich halt'dicht. Mach keinen Quatsch, Konny ... Nichts in dir möchte sich da runterschicken, innere Bremsen quietschen wie verrückt, und trotzdem habe ich irgendwo in mir auch einen kleinen Teufel (der wahrscheinlich in Wahrheit ziemlich groß ist), der mir gut zuredet: Hör nicht auf deine Augen und dein Kleinhirn. 30 bis 40 Meter, pah, was ist das schon? Bist du ein Mann oder eine Maus? Stell dir mal das Gefühl vor! Pure Freiheit! Konny, der Vogel. Konny, der Mann, dessen Leben eine neue Abfahrt nimmt und der aus dieser Erfahrung wie ein neuer Mensch hervorgehen wird. Spring schon, mein Bes-ter. Alles wird gut, vertrau mir ...

Ich habe mal einen Tandem-Fallschirmsprung gemacht, also zusammen mit einem Mann, der Ahnung von der Materie hatte. Alle haben mich danach erwartungsvoll gefragt, wie es war, und ich musste sie etwas enttäuschen, denn es war zwar eine lustige Erfahrung, aber nichts im Vergleich zu dem Sprung, den ich an jenem Tag an der Klippe in Südfrankreich unternommen habe. Es war atemberaubend. Und furchtbar zugleich. Die Stelle oben an dem Felsen war derart klein, dass wir nicht mal viel Anlauf nehmen konnten. Also sind wir gesprungen, nach einer halben Stunde, einfach so, ins Ungewisse, in die Tiefe, und ca. vier Jahre später unten im Wasser angekommen. Und es war genau die Erfahrung, die ich in dem Moment gebraucht habe. In Amerika sagt man immer bei gefährlichen Sachen: „Don't try this at home, kids“ („Kinder, probiert das ja nicht zu Hause aus“), aber ich hab es ja schon ausprobiert, und ein Kind bin ich auch nicht mehr. Also. Das Gefühl, das ich dabei hatte, könnten wir doch auch hier am Moss Lake reproduzieren. Wenn man so lang, wie man will, in den See hinein einen Bootssteg bauen darf, kann man auch so hoch, wie man will, in den Himmel bauen. Ein weiteres meiner Ziele ist es also, einen Sprungturm hier im Wasser zu errichten. 30 Meter hoch, dachte ich mir, wäre eine passable Höhe. Ob ich dann noch mal aus Selbstfindungsgründen springe oder nur. um Angst zu überwinden, oder einfach aus Lust und Laune, weiß ich noch nicht. Ich war damals an der Klippe als Letzter dran, was die Sache nicht einfacher gemacht hat, aber ich bin gesprungen, und es war tatsächlich ein

Konny und Manu erzählen Tobias von den neuesten Plänen ...

wichtiger Moment in meinem Leben. „Ab hier fängt ein neues Leben an“, habe ich mir gesagt, und so war es dann auch.

Viele dieser verrückten Ideen, die mit meiner Vergangenheit und auch mit meiner Zukunft zu tun haben, entstehen während und am Ende solcher Grillabende. Vielleicht ist es der ruhige See, der einen so herausfordert, oder der nach Freiheit duftende Geruch eines Grillfeuers. Aber eigentlich war das bei mir schon immer so. Gutes Essen, nette Leute und den Kopf voller Flausen ergeben in der Regel tolle Gedanken, die wiederum in Stunts aller Art münden. Allein das ist ein Grund, die Grillfeste bei uns bis zum letzten Tag fortzusetzen.

MANUS KOMMENTAR: Mein Kommentar dazu? Ganz einfach: Wegdrehen, Augen zu – und erst wieder hingucken, wenn alles vorbei ist.

ABSCHLUSS

Inzwischen habe ich unsere Hafenkneipe ein bisschen „aufgerüstet". Später will ich sie auch räumlich noch erweitern, dort, wo jetzt der Kamin ist, kommt eine Tür hin und dahinter selbstverständlich ein weiterer Raum und eine Toilette. Auch den Steg werde ich verlängern und die Terrasse vergrößern, so dass immer mehr Gäste, Freunde und Besucher Platz haben und die Partys immer geiler werden! Fürs Erste habe ich aber mal einen Geschirrspüler und eine Eismaschine installiert und etwas Keramikgeschirr beschafft (früher hatten wir Pappteller). Das macht das Grill- und Partyleben schon mal deutlich angenehmer. Vor kurzem hat uns ein Gast ein Akkordeon geschenkt. Perfekt für einen gelungenen Grillabend – wenn ich nur wüsste, wie man das Ding spielt. Für etwas windigere oder kältere Abende haben wir nun zudem auch einen Pokertisch und eine Dartscheibe in der Bar. So kommen nach und nach immer mehr Utensilien, immer mehr Kuriositäten dazu, es wird immer gemütlicher, und schon in kurzer Zeit wird Konnys Hafenkneipe der gemütlichste Grill- und Party-Ort in Amerika sein.

Zudem werden wir neue Bäume pflanzen, unsere Ex-Feuerstelle wird eine große Holzplattform für mehr Tische, Stühle und somit noch mehr Gäste werden. Dort werde ich künftig auch meine Surfsegel ausbreiten können und andere „nautische" Dinge. Aber am schönsten wird es, wenn erst eine original Hamburger Barkasse hier im Wasser liegt. Ich verrate nicht zu viel, wenn ich sage, dass das natürlich schon in Planung ist. Lasst euch überraschen.

In einer geheimen Kiste bewahren wir übrigens all die Fotos von den tollsten Partys auf, Nächte, die, sagen wir mal, „besonders gelungen" sind. Aber ich muss euch leider enttäuschen. Diese Fotos sind streng geheim und werden von uns bestimmt nie herausgegeben oder veröffentlicht. Aber ihr seid alle herzlich eingeladen, selber herzukommen und neue hinzuzufügen.

Ich freue mich schon sehr darauf, wenn eines Tages all meine Ideen zur Erweiterung der Hafenkneipe und drumherum umgesetzt sind und die Anziehungskraft der Grillabende und unsere Feierrunden noch größer

Manu und Konny mit Hamburger-Kuchen & Hot-Dog-Kuchen von Ilonka. Das Rezept findet sich auf Seite 112.

werden. Andererseits weiß ich gleichzeitig, dass dieser Tag nie kommen wird, denn die große Vision ist ja gerade ein Teil des Spaßes: Eine „endgültige" Grillstätte wird es am Moss Lake niemals geben. Dass unsere Feiern jemals aus dem Ruder laufen könnten, befürchte ich auch nicht. Die Leute wissen ja, genauso sicher wie die Qualität vom Essen ist die Gewissheit, dass es „Mecker vom Meister" gibt, wenn sich jemand danebenbenimmt. Ist aber so gut wie noch nie vorgekommen. Im Gegenteil, schon öfter wurde friedlich weitergefeiert, wenn ich lange schon im Bett war. „Aus dem Ruder" ist aber ein gutes Stichwort. Wir haben schon überlegt, ob wir nicht demnächst das Grillen aufs Wasser verlegen. Ich sehe da in Gedanken eine Riesen-Plattform vor mir, mit Anker, aus leeren Fässern gebaut. Wir könnten eine Art Hawaii-Tresen darauf errichten und ein Schilfdach bauen für die ideale Beach Party auf statt an dem See. An einem Haken könnte man dann noch Schiffe dranhängen, das Bild gefällt mir. So oder so, egal wie schräg die Ideen, ich muss sie am Ende, in diesem

Fall sprichwörtlich, ausbaden bzw. realisieren. Aber dazu bin ich ja da. Inzwischen bin ich jetzt ja „Fulltime Unterhalter“, der alles baut, was ihm gedanklich in den Weg kommt.

Eines wird bei aller Vergrößerung aber sicher erhalten bleiben: Der Grill, das zentrale gute Stück der ganzen Angelegenheit, wird immer thematisch wie auch geografisch im Mittelpunkt bleiben. Direkt daneben werde weiter ich stehen mit heißen Fingerkuppen und gierigem Blick auf all die Leckereien, die vor mir zur Reife kommen. Ein toller Ort, direkt an der Schnittstelle zwischen unseren Wegen, den Bäumen, der Bar, den Gästerhäusern und dem See.

Als ich im Januar 2009 mal wieder für mehrere Wochen in Deutschland war, hab ich tolle Sachen gegessen. Ich hab mich sogar mit den Köchen und dem restlichen Personal in meinem Hotel angefreundet, und die haben mich (und meine Familie) super versorgt. Und trotzdem habe ich mich am Ende wieder auf unser Grundstück am Moss Lake, auf das Wasser und die Hafenkneipe, auf das Wetter und die Gäste, aufs Bootfahren und Schwimmen und natürlich auf die Grillabende und das tolle Fleisch, auf meine Konny-Burger und meine Saucen, auf ein paar Bier zur anbrechenden Nacht und auf einen langen letzten Blick in die Glut meines Grills gefreut.

MANUS ABSCHLUSSKOMMENTAR: **Mein Wunsch für die Zukunft ist, bald in unser großes neues Haus einzuziehen und mit meiner Familie, Freunden und Gästen noch viele schöne und verrückte Stunden auf Konny Island zu verbringen.**

KONNYS ABSCHLUSSKOMMENTAR: Leute, Konny Island ist immer eine Reise wert! Konny Island ist das Island der unbegrenzten Möglichkeiten!

Ach ja, und verbrennt euch nicht die Finger ...

REZEPTE

Salate & Beilagen

Dips & Saucen

Dips & Saucen

Desserts

Kuchen & Gebäck

Getränke

BROKKOLISALAT

Von Ilonka Margis

Zutaten für 4 Personen

4 Köpfe Brokkoli
Salz
250 g Frühstücksspeck
250 g Gouda
400 ml leichte Mayonnaise
2 TL Zucker
2 TL Essig
schwarzer Pfeffer

1. Den Brokkoli putzen, waschen und in mundgerechte Röschen teilen. In kochendes Salzwasser geben und etwa 3 Minuten blanchieren. Herausnehmen, abschrecken und abtropfen lassen.

2. Den Speck in schmale Streifen schneiden und bei mittlerer Hitze in einer Pfanne ohne Fettzugabe knusprig braten. Den Käse würfeln.

3. Für das Dressing Mayonnaise, Zucker und Essig in einer kleinen Schüssel verrühren. Mit Brokkoli, Speck und Käse vermengen. Den Salat mit Pfeffer abschmecken und im Kühlschrank mindestens 12 Stunden durchziehen lassen.

AUBERGINEN
MIT JOGHURT-DIP

Zutaten für 4 Personen
2 Auberginen
4 EL Sesamöl
1/4 TL gemahlener Koriander
1 TL geschroteter roter Pfeffer
Salz

1. Die Auberginen putzen, waschen, die Stielansätze entfernen und die Auberginen längs in etwa 2 cm dicke Scheiben schneiden.

2. Die Auberginenscheiben auf beiden Seiten mit dem Öl bestreichen und mit dem Koriander bestreuen. Mit Salz und Pfeffer würzen. Auf den heißen Grill legen und etwa 5 Minuten von jeder Seite grillen. Mit dem Joghurt-Dip servieren.

Das Rezept für den Joghurt-Dip finden Sie auf Seite 101.

BAKED POTATOES

Folienkartoffeln

Zutaten für 4 Personen

4 große, festkochende Kartoffeln

1. Den Backofen auf 250 °C vorheizen. Die Kartoffeln gründlich waschen, mit einer Gabel rundherum einstechen und einzeln fest in Alufolie wickeln. In die Glut legen und 45 bis 60 Minuten garen. Dabei ab und zu wenden. Die Kartoffeln sind gar, wenn sie beim Anstechen mit einem Spieß bis zur Mitte weich sind.

2. Die Päckchen öffnen, die Kartoffeln mit zwei Gabeln aufreißen und nach Belieben mit saurer Sahne, Knobi-Sauce oder Joghurt-Dip servieren.

AMERIKANISCHER COLESLAW

Krautsalat

Zutaten für 4 Personen

1/2 Weißkohl
1/4 Rotkohl
2 Karotten
1 Zwiebel
65 g Zucker
1 Prise Salz
etwas schwarzer Pfeffer
60 ml Milch
120 g Mayonnaise
60 ml Buttermilch
2 EL Weißweinessig
4 EL Zitronensaft

1. Die beiden Kohlsorten putzen, waschen und in sehr feine Streifen schneiden. Die Karotte schälen und raspeln. Die Zwiebel abziehen und hacken.

2. Das Gemüse in einer großen Schüssel mit den übrigen Zutaten mischen. Im Kühlschrank mindestens eine Stunde durchziehen lassen.

KARTOFFELSALAT OHNE EI

Ester Oppermann: „Dieser Kartoffelsalat hat eigentlich keinen Namen. Doch im Laufe der Jahre wurde ich immer wieder damit aufgezogen, dass in jeden guten Kartoffelsalat Eier gehören. In diesen nun mal nicht und so bekam er seinen Namen."

Zutaten für etwa 4 Personen

1,5 kg festkochende Kartoffeln
500 g Äpfel (z. B. Boskop)
500 g Fleischtomaten
1 Gemüsezwiebel
350 g Gewürzgurken
500 ml leichte Mayonnaise
400 ml Buttermilch
2 EL Schnittlauchröllchen
Salz, Pfeffer

1. Kartoffeln in der Schale in etwa 20 Minuten gar kochen, auskühlen lassen, pellen und in Scheiben schneiden. Äpfel vierteln, entkernen und würfeln. Zwiebeln abziehen, Tomaten waschen, Gurken abtropfen lassen und alles wie die Äpfel würfeln.

2. Die klein geschnittenen Zutaten mit der Mayonnaise in einer großen Schüssel vermengen. Anschließend gerade so viel Buttermilch unter den Salat rühren, dass die Mischung saftig, aber nicht zu flüssig wird.

3. Den Salat mit Salz und Pfeffer würzen und für mindestens 2 Stunden in den Kühlschrank stellen. Anschließend den Salat nochmals abschmecken, evtl. noch etwas Buttermilch unterheben und mit dem Schnittlauch bestreuen.

KAROTTENSALAT

Zutaten für 4 Personen

500 g Karotten
2 Knoblauchzehen
1/2 Zwiebel
2 EL Weißweinessig
4 EL Sonnenblumenöl
200 g saure Sahne
Salz, Pfeffer

1. Die Karotten schälen und raspeln. Den Knoblauch abziehen und durch eine Presse drücken. Die halbe Zwiebel abziehen und fein hacken.

2. Alle Salatzutaten mischen und mit Salz und Pfeffer pikant abschmecken.

3. Den Karottensalat im Kühlschrank mindestens 2 Stunden durchziehen lassen.

MANUS NUDELSALAT

Manu: „Dieser Salat ist ruckzuck fertig. Deshalb gibt es ihn bei uns zu jeder Gelegenheit."

Zutaten für 4 Personen

450 g Farfalle (Schmetterlingsnudeln)
250 g leichte Mayonnaise
425 g Mais (Dose)
425 g Mais-Paprika-Mix (Dose)
Salz, Pfeffer

1. Die Nudeln nach Packungsangabe in reichlich Salzwasser bissfest garen. Anschließend abgießen und abkühlen lassen.

2. Mais und Mais-Paprika-Mix abtropfen lassen und zusammen mit der Mayonnaise unter die Nudeln heben.

3. Den Salat mit Salz und Pfeffer kräftig würzen.

SPAGHETTISALAT

Manu: „Das ist ein Rezept von Elke und Horst – Gäste aus Haus Blankenese –, das sie für unsere Silvesterparty gemacht haben."

Zutaten für 4 Personen

250 g Spaghetti
1 Stange Porree
100 g gekochter Schinken
80 ml Pflanzenöl
1 EL Maggi-Würze
Worcestersauce
Salz, Pfeffer

1. Die Spaghetti in kleinere Stücke brechen und in kochendem Salzwasser bissfest garen. Den Porree putzen, gründlich waschen und die hellgrünen Teile in feine Ringe schneiden. Den Schinken würfeln.

2. Für die Sauce das Öl mit Maggi-Würze, etwas Worcestersauce, Salz und Pfeffer abschmecken.

3. Alle Zutaten in eine Schüssel geben, vermengen und den Salat im Kühlschrank mindestens 12 Stunden durchziehen lassen.

CAESAR'S SALAD

Zutaten für 4 Personen

1 Kopf Römersalat
1 EL Zitronensaft
2 TL Senf
5 EL weißer Balsamico
6 EL Olivenöl
Pfeffer
Salz
3 Scheiben Toastbrot
1 Knoblauchzehe
4 Scheiben Frühstücksspeck
40 g geriebener Parmesan

1. Salat waschen. Blätter bis auf einige zum Anrichten in schmale Streifen schneiden. Für das Dressing Zitronensaft, Senf und Balsamico mit dem Schneebesen verrühren. 4 EL Olivenöl nach und nach darunterschlagen. Mit Salz und Pfeffer abschmecken.

2. Toastbrot in Würfel schneiden. Knoblauch schälen und klein würfeln. 2 EL Öl in der Pfanne erhitzen, Knoblauch zugeben und das Toastbrot goldbraun braten. Frühstücksspeck in einer Pfanne anbraten und in Stücke brechen.

3. Salat, Toastbrot und Speck mit dem Dressing anrichten und mit gehobeltem Parmesan betreuen.

FEURIGER MEXIKOSALAT

Zutaten für 4 Personen

200 g rote Zwiebeln
250 g Zucchini
350 g Tomaten
425 g Mais (Dose)
1/2 Eisbergsalat
1 Knoblauchzehe
2 EL Zitronensaft
6 EL Olivenöl
Salz
Cayennepfeffer
etwas Petersilie

1. Zwiebeln abziehen und in Ringe schneiden. Zucchini waschen und in Stücke schneiden. Tomaten waschen und in Spalten schneiden. Mais abtropfen lassen und abbrausen. Alle Zutaten mischen.

2. Eisbergsalat waschen, den Strunk herausschneiden, den Salat in Streifen schneiden. Knoblauch abziehen und durch eine Presse drücken.

3. Für das Dressing Zitronensaft, Olivenöl, Salz, Cayennepfeffer und Knoblauch verrühren. Mit Salat, Gemüse und der Petersilie garniert anrichten.

TOMATEN-RUCOLA-SALAT
MIT PARMESAN

Zutaten für 4 Personen

800 g Tomaten
100 g Rucola
3 Zwiebeln
4 EL Balsamico
etwas Zucker
Salz
Pfeffer
6 EL Olivenöl
12 dünne Scheiben Ciabattabrot
2 EL Sonnenblumenkerne
40 g Parmesan

1. Die Tomaten waschen und in Scheiben schneiden. Den Rucola waschen, verlesen und abtropfen lassen. Die Zwiebeln abziehen und in feine Ringe schneiden.

2. Für die Salatsauce Essig mit Zucker, Salz und Pfeffer würzen, 3 EL Öl darunterschlagen. 3 EL Öl in einer Pfanne erhitzen und das Brot darin goldbraun rösten.

3. Den Salat mit der Sauce mischen und anrichten. Mit den Sonnenblumenkernen bestreuen und den Parmesan darüberreiben. Das Röstbrot dazu reichen.

CURRY-REISSALAT MIT GEMÜSE

Zutaten für 4 Personen

1 Zwiebel
1 EL Öl
250 g Langkornreis
1 TL Curry
750 ml Gemüsebrühe
Salz, Zucker
150 g tiefgefrorene Erbsen
3 bunte Paprika
2 Frühlingszwiebeln
425 g Mandarinen (Dose)
3 EL leichte Mayonnaise
einige Tropfen Sambal Oelek
3 EL Apfelessig
etwas Petersilie

1. Die Zwiebel abziehen und fein hacken. Öl in einer Pfanne erhitzen. Zwiebel und Reis darin andünsten. Mit Curry bestreuen und mit Brühe ablöschen. Salzen und etwa 20 Minuten garen. 5 Minuten vor Ende der Garzeit die Erbsen zugeben. Überschüssige Flüssigkeit abtropfen lassen.

2. Paprika und Frühlingszwiebeln putzen und waschen. Paprika entkernen und in kleine Stücke, die Frühlingszwiebeln in feine Ringe schneiden. Beides zum Reis geben.

3. Für die Salatsauce die Mandarinen abtropfen lassen und mit der Mayonnaise verrühren. Sauce mit Salz und Sambal Oelek abschmecken. Essig mit Zucker verrühren und mit dem Reis und Gemüse mischen. Den Salat mit der Sauce beträufeln und mit Petersilie garnieren.

BARBECUEGEMÜSE

Zutaten für 4 Personen

4 mittelgroße Tomaten
2 Knoblauchknollen
1/2 Bund glatte Petersilie
4 EL Olivenöl
Salz
schwarzer Pfeffer
2 Zweige Thymian
2 Zweige Rosmarin
Alufolie

1. Die Tomaten putzen, waschen, die Stielansätze entfernen und die Tomaten vierteln. Von den Knoblauchknollen nur die äußeren pergamentähnlichen Schalenteile entfernen. Die ganzen Knollen waagerecht halbieren.

2. Die Petersilie waschen, trockenschütteln und fein hacken. Mit dem Öl, Salz und Pfeffer verrühren. Den Thymian und den Rosmarin waschen und trockenschütteln. Etwas Thymian beiseitelegen. Restliche Kräuter fein hacken und zum Öl geben. Die Tomaten und den Knoblauch von allen Seiten gründlich mit der Ölmischung bestreichen.

3. Jeweils 1/2 Knoblauchknolle in Alufolie einwickeln und dabei die glänzende Seite der Folie nach innen nehmen. Je 4 Tomatenviertel ebenfalls in 1 Stück Alufolie einwickeln. Alles auf den heißen Grill legen und etwa 15 Minuten grillen. Folie jeweils vorsichtig öffnen, das Gemüse auf Tellern anrichten und mit Thymian garniert servieren.

GEMÜSE-SPIESS

Zutaten für 4 Personen

8 kleine Tomaten
1 Zucchini
1 große Aubergine
8 große Champignonköpfe
4 Zwiebeln
2 Kolben Zuckermais
1 rote Paprikaschote
Salz, Pfeffer
2 EL Olivenöl
8 Schaschlikspieße

1. Die Tomaten, die Zucchini und die Aubergine putzen, waschen und die Stielansätze entfernen. Die Zucchini und die Aubergine in dicke Scheiben schneiden. Die Champignons abbürsten. Die Zwiebeln schälen und in dicke Scheiben schneiden. Den Mais putzen und vierteln. Die Paprikaschote putzen, waschen, halbieren, entkernen und die Hälften vierteln.

2. Je 1 Tomate auf einen Spieß stecken und die anderen Gemüsesorten im bunten Wechsel aufspießen. Dazwischen immer etwas Abstand lassen. Die Spieße mit Salz und Pfeffer bestreuen und mit dem Öl rundherum einstreichen.

3. Die Gemüse-Spieße auf den heißen Grill legen und bei mittlerer Hitze etwa 15 Minuten grillen. Zwischendurch mehrmals wenden und immer wieder mit etwas Öl bestreichen.

JALAPEÑO-BISCUITS

Scharfe Chili-Brötchen

Manu: „Diese Brötchen schmecken klasse zu Grillfleisch und zu unserer Knobi-Sauce. Wir essen sie aber auch gerne einfach so mal zwischendurch."

Zutaten für ca. 20 Stück

2 große grüne Pfefferschoten
500 g Mehl
2 TL Backpulver
1 TL Salz
150 g kalte Butter
360 ml Buttermilch
40 g zerlassene Butter

1. Die Pfefferschoten waschen, längs aufschlitzen, entkernen und das Fruchtfleisch fein hacken. Für den Teig Mehl, Backpulver und Salz in einer großen Schüssel verrühren. Die kalte Butter in Flöckchen schneiden und unter die Mehlmischung kneten. Gerade so viel Buttermilch unterkneten, dass der Teig geschmeidig wird und sich gut ausrollen lässt. Die gehackten Pfefferschoten unterkneten.

2. Den Backofen auf 220 °C vorheizen. Den Teig auf einer bemehlten Arbeitsfläche etwa 1 cm dick ausrollen und mit Hilfe einer großen Tasse Kreise ausstechen. Die Teigkreise auf ein mit Backpapier ausgelegtes Blech legen und im Ofen in etwa 15 Minuten goldbraun backen.

3. Die Brötchen nach dem Backen nach Belieben mit etwas zerlassener Butter bestreichen.

TEXASDILLA

Schinken-Käse-Tortilla

Von Beate und Franz

Zutaten für 4 Personen

4 Tortillas (weiche Maisfladen aus dem Kühlregal)
8 Scheiben Schinken mit Honigkruste
8 Scheiben milder Cheddar
4 EL saure Sahne
Salz, Paprikapulver

1. Die Tortillas so lange grillen, bis sie Blasen werfen. Dann umdrehen und die andere Seite grillen.

2. Jede Tortilla mit je zwei Scheiben Schinken und Käse belegen. Je 1 Esslöffel saure Sahne daraufgeben und die Füllung mit Salz und Paprikapulver kräftig würzen.

3. Die Tortillas fest aufrollen und nach Belieben in Scheiben schneiden oder im Ganzen genießen.

MAISKOLBEN „MEXIKO“

Zutaten für 4 Personen

60 g Butter oder Margarine
1 unbehandelte Zitrone
4 getrocknete Chilis oder
1/2 TL Chilipulver
4 Kolben Zuckermais

1. Die Butter in einem Topf langsam schmelzen lassen. Die Zitrone waschen, trockenreiben und etwa 1/2 Teelöffel der Schale in die Butter reiben. Die Zitrone auspressen und etwa 3 Esslöffel Zitronensaft zur Butter geben. Die Chilis fein hacken und zur Butter geben. Alles gut miteinander verrühren und zur Seite stellen.

2. Den Mais putzen, dabei die Blätter nicht entfernen, sondern nur nach unten streifen. Auf jeden Maiskolben gleichmäßig etwa 2 Teelöffel Zitronen-Chili-Butter verteilen. Die Blätter wieder nach oben über den Kolben streifen.

3. Die Maiskolben auf den heißen Grill legen und etwa 20 Minuten grillen, dabei immer wieder wenden. Auf Tellern anrichten und die restliche Butter dazu reichen.

SHRIMP-DIP

Krabben-Dip

Von Ilonka Margis

Zutaten für 4 Personen

200 g Mayonnaise
250 g Frischkäse
400 g Krabben (gegart und gepult)
3 Frühlingszwiebeln
Knoblauchsalz
Schwarzer Pfeffer

1. Mayonnaise und Frischkäse verrühren. Die Krabben fein hacken. Die Frühlingszwiebeln putzen, gründlich waschen und in sehr feine Ringe schneiden.

2. Krabben und Frühlingszwiebeln mit der Mayo-Käse-Creme verrühren und das Ganze mit Knoblauch und schwarzem Pfeffer kräftig würzen.

3. Den Dip im Kühlschrank mindestens 2 Stunden durchziehen lassen.

CREMIGER GEMÜSE-DIP

Zutaten für 4 Personen

1 kleine rote Peperoni
1–2 Schalotten
1/2 kleine Salatgurke
200 g Sahne-Schmelzkäse
3 TL Mayonnaise
3 TL Schmand
Currypulver
Pfeffer aus der Mühle

1. Die Peperoni putzen, waschen, halbieren, entkernen und in kleine Würfel schneiden. Abgedeckt 2–3 Minuten in der Mikrowelle oder etwa 5 Minuten mit etwa 1 Esslöffel Wasser in einem Topf garen. Abkühlen lassen. Flüssigkeit abtupfen.

2. Die Schalotten schälen und fein hacken. Die Gurke waschen, abtrocknen, halbieren, mit einem Löffel eventuell die Kerne entfernen und die Gurke in feine Scheiben schneiden.

3. Den Schmelzkäse mit einer Gabel zerdrücken und mit der Mayonnaise und mit dem Schmand verrühren. Mit Curry und Pfeffer pikant abschmecken. Das vorbereitete Gemüse unterrühren. Den Gemüse-Dip abgedeckt im Kühlschrank für mindestens 1 Stunde durchziehen lassen.

AVOCADO-DIP

Zutaten für 4 Personen

1 Zitrone
2 reife Avocados
1 mittelgroße rote Zwiebel
1 Knoblauchzehe
4 Stiele glatte Petersilie
Salz
Pfeffer aus der Mühle

1. Die Zitrone auspressen. Die Avocados halbieren, schälen und den Stein entfernen. Das Fruchtfleisch grob zerkleinert in eine Schüssel oder auf einen Teller geben und mit einer Gabel fein zerdrücken. Etwa 4 Esslöffel Zitronensaft sofort hinzugeben und mit dem Fruchtfleisch mischen, damit es nicht braun wird.

2. Die Zwiebel und die Knoblauchzehe schälen, die Zwiebel fein hacken und die Knoblauchzehe durchpressen. Die Petersilie waschen, trockenschütteln und fein hacken.

3. Die vorbereiteten Zutaten vorsichtig miteinander mischen. Mit Salz und Pfeffer würzen. Den Avocado-Dip gut abdecken, damit er nicht braun wird, und für etwa 2 Stunden bei Zimmertemperatur durchziehen lassen.

KONNYS MEERRETTICHSAUCE

Zutaten für 4 Personen

250 g Quark
1 Eigelb
1 gehäufter TL frisch geriebener Meerrettich
2 Knoblauchzehen
1 Prise Salz
Pfeffer
1 TL Zucker

Quark, Eigelb und Meerrettich verrühren. Den Knoblauch abziehen und dazupressen. Die Sauce mit Salz, Pfeffer und Zucker abschmecken. Im Kühlschrank mindestens 2 Stunden kühlen.

JOGHURT-DIP

Manu: „Dieser Dip passt gut zu Folienkartoffeln.“

Zutaten für 4 Personen

250 g Naturjoghurt
1 Knoblauchzehe
1 TL Salz
1/2 Zucker
1 TL gehackte Petersilie
1 TL Schnittlauchröllchen
weißer Pfeffer

Den Knoblauch abziehen, durch eine Presse drücken und mit Joghurt, Salz, Zucker sowie Kräutern verrühren. Mit weißem Pfeffer abschmecken.

KNOBI-SAUCE

Zutaten für 4 Personen

200 g saure Sahne
200 g Naturjoghurt
3 EL leichte Mayonnaise
7 Knoblauchzehen
1 EL Ketchup
einige Tropfen Tabasco

Die saure Sahne mit Joghurt und Mayonnaise verrühren. Den Knoblauch abziehen, durchpressen und mit der Sahnecreme verrühren. Die Sauce mit Ketchup und einigen Tropfen Tabasco abschmecken.

HAPPY APPLE

Vanille-Eis mit Apfelkompott

Manu: „Dieses leckere Dessert-Rezept haben uns Franz und Beate verraten.“

Zutaten für 4 Personen

800 g Apfelkompott
8 Kugeln Vanilleeis
4 EL gehackte Walnüsse
4 TL flüssiger Honig

Das Apfelkompott erwärmen und auf vier Dessertteller verteilen. Die Eiskugeln auf das Kompott setzen, mit Nüssen bestreuen und mit dem Honig beträufeln. Das Dessert sofort servieren.

BUMPY ROAD BROWNIES
WITHOUT ROCKIES

Kleine Schokokuchen mit Walnüssen und Marshmallows

Manu: „Der Name dieser leckeren Schokokuchen entstand eigentlich nur, weil ich das Rezept nicht richtig durchgelesen habe. So habe ich die Marshmallows und Nüsse schon zu Anfang unter den Teig gerührt, statt diese – wie im Rezept vorgesehen – erst zum Schluss auf dem Teig zu verteilen. Der Originalname lautet Rocky Road Brownies und meine Brownies sind nun without Rockies!"

Zutaten für ca. 20 Stücke

200 g Mini-Marshmallows
200 g Schokotröpfchen
60 g gehackte Walnüsse
130 g weiche Butter
210 g Zucker
1 Pck. Vanillezucker
3 Eier
140 g Mehl
1/2 TL Backpulver
2 EL Kakao
1/4 TL Salz

1. Den Backofen auf 180 °C vorheizen. Eine rechteckige Kuchenform (20 × 30 cm) fetten. Marshmallows, Schokotröpfchen und Nüsse mischen. Die Mischung beiseitestellen.

2. Die Butter zerlassen. Zucker, Vanillezucker und Eier weißcremig aufschlagen. Zerlassene Butter, Mehl, Backpulver, Kakao und Salz einrühren. Die Marshmallow-Schoko-Nuss-Mischung unterheben.

3. Den Teig in die Kuchenform füllen und im Ofen etwa 25 Minuten backen. Den Kuchen herausnehmen, auskühlen lassen und in etwa 20 Stücke schneiden.

BANANA-NUT-LOAF

Bananen-Nuss-Kuchen

Manu: „Dieses Rezept ist richtig typisch amerikanisch!“

Zutaten für 2 Kastenkuchen

120 g Butter
400 g Zucker
2 Eier
4 reife Bananen
375 g Mehl
1/2 TL Salz
1 1/2 TL Natron
120 ml Buttermilch
100 g gehackte Walnüsse

1. Den Backofen auf 180 °C vorheizen. Zwei Kasten-Backformen einfetten und evtl. mit Semmelbröseln ausstreuen.

2. Butter und Zucker in einer Schüssel schaumig rühren. Die Eier hinzufügen und das Ganze so lange rühren, bis eine cremige Masse entstanden ist. Die Bananen schälen, mit einer Gabel zerdrücken und unter die Eier-Zucker-Masse rühren.

3. Mehl und Salz in einer zweiten Schüssel vermengen. Das Natron in der Buttermilch auflösen. Beides mit dem Bananenteig verrühren. Zum Schluss die Nüsse unterrühren, den Teig in die Kastenformen geben, glattstreichen und die beiden Kuchen im Ofen etwa 60 Minuten backen.

APPLE PIE

Amerikanischer Apfelkuchen

Manu: „Das ist Janinas Lieblingskuchen und ein absolutes ‚Muss' bei unseren Geburtstagsparties!"

Zutaten für 12 Stücke

Für den Teig:

300 g Mehl
1 EL Zucker
1 TL Salz
175 g weiche Butter
6 EL Eiswasser

Für die Füllung:

100 g Zucker
3 EL Mehl
1/2 TL Zimt
1 Msp. geriebene Muskatnuss
4 große Äpfel

1. Für den Teig Mehl, Zucker und Salz vermengen. Die Butter in Flöckchen dazugeben und alles zu einem bröseligen Teig verkneten. So viel Eiswasser unterkneten, bis ein glatter, formbarer Teig entsteht. In Klarsichtfolie wickeln und im Kühlschrank etwa 30 Minuten ruhen lassen.

2. Für die Füllung Zucker, Mehl, Zimt und Muskatnuss verrühren. Die Äpfel schälen, vierteln, entkernen und in kleine Würfel schneiden. Mit der Zucker-Zimt-Masse vermengen. Den Backofen auf 200 °C vorheizen.

3. Den gekühlten Teig halbieren. Eine Häfte ausrollen und eine Spring- oder Tarteform damit auskleiden. Die Apfelmasse darauf verteilen, dabei in der Mitte etwas anhäufen. Den übrigen Teig ausrollen, in Streifen schneiden und als Gitter auf die Apfelmasse legen. Den Kuchen im Ofen auf der unteren Schiene etwa 10 Minuten backen. Dann die Hitze auf 180 °C reduzieren und den Kuchen in etwa 75 Minuten fertig backen.

CARROT CAKE

Karottenkuchen

Manu: „Dieser Carrot Cake schmeckt uns ganz frisch und noch leicht warm am besten."

Zutaten für 2 Kastenkuchen

500 g geraspelte Karotten
425 g Ananas (Dose)
355 ml Öl
400 g Zucker
6 Eier
1 Msp. Zimt
1 Msp. geriebene Muskatnuss
375 g Mehl
3 Pck. Natron (15 g)
1 Msp. Salz
200 g gehackte Walnüsse
2 EL Puderzucker

1. Den Backofen auf 180 °C vorheizen. Zwei Kastenkuchen-Formen fetten und evtl. mit Semmelbröseln ausstreuen. Mehl, Natron und Salz verrühren. Beiseitestellen.

2. Die Karotten schälen und raspeln. Die Ananas gut abtropfen lassen und fein hacken. Beides mit Öl und Zucker vermengen. Nach und nach die Eier zugeben und unterrühren. Zimt, Muskatnuss, Mehlmischung und Walnüsse unterrühren.

3. Den Teig in die Backformen füllen und im Ofen etwa 60 Minuten backen. Herausnehmen, auskühlen lassen und mit Puderzucker bestäuben.

HAMBURGER-KUCHEN & HOT-DOG-KUCHEN

von Cre8ive Cakes by Ilonka

Für den Teig (je Kuchensorte):

5 Eier
80 g Zucker
200 g weiche Butter
100 g Puderzucker
150 g Speisestärke
1 Pck. Vanillezucker
2 EL Zitronensaft
100 g Mehl
1 TL Backpulver

Creme für den Hamburger-Kuchen:

200 g weiche Butter
150 g Zucker
100 g Zartbitterschokolade
4 TL Kakaopulver
4 Eigelbe, 1 Ei

Creme für den Hot-Dog-Kuchen:

200 g weiche Butter
150 g Zucker
4 Eigelbe, 1 Ei
gelbe, braune und rote Lebensmittelfarbe

1. Den Backofen auf 175 °C vorheizen. Für den Humburger-Kuchen: Eine Springform (24 cm) fetten. Für den Hot-Dog-Kuchen eine Kastenform (25 cm) sowie zwei Halbkugelformen (Ø ca. 10 cm) fetten. Eier trennen. Eiweiße steif schlagen, dabei den Zucker einrieseln lassen. Butter und Puderzucker schaumig schlagen. Stärke, Vanillezucker und Zitronensaft unterrühren. Eigelbe einrühren. Eischnee daraufgeben. Mehl und Backpulver mischen, darübersieben und unterheben. Den Teig in die Form füllen und im Ofen etwa 60 Minuten backen. Kuchen herausnehmen, auskühlen lassen, in Klarsichtfolie wickeln und einfrieren.

Hamburger-Kuchen

2. Inzwischen für die Schokocreme Butter und Zucker im Wasserbad weißcremig aufschlagen. Die Schokolade in Stücke brechen, im Wasserbad schmelzen lassen und mit dem Kakaopulver unter die Buttermasse rühren. Eigelbe und Ei einzeln einrühren. Die Schokocreme mindestens 20 Minuten kühlen.

3. Den gefrorenen Kuchen mit einem Messer an den Kanten so abrunden, dass er die Form einer Frikadelle bekommt. Ihn dann gleichmäßig mit der Buttercreme überziehen. Die Oberfläche mit einer Gabel so aufrauen, dass sie wie die einer Frikadelle aussieht. Mit einem Spieß die Grillstreifen in die Schokocreme ziehen.

Hot-Dog-Kuchen

2. Inzwischen für die Buttercreme Butter und Zucker im Wasserbad weißcremig aufschlagen. Eigelbe und Ei einzeln einrühren. Dann eine sehr kleine Portion mit gelber und brauner Lebensmittelfarbe färben (ergibt den „Senf"). Den Rest mit roter und brauner Lebensmittelfarbe färben (ergibt die „Wurstpelle). Beide Sorten Buttercreme mindestens 20 Minuten kühlen.

3. Den gefrorenen Kastenkuchen mit einem Messer an den Kanten so abrunden, dass er die Form einer leicht gebogenen Rolle bekommt. Ihn dann gleichmäßig mit der rotbraunenButtercreme überziehen. Die beiden Halbkugeln mit Hilfe der Buttercreme und zwei Trinkstrohhalmen als „Wurstenden" ankleben. Ebenfalls mit der Creme überziehen. Die gelbe Buttercreme mit einem Spritzbeutel als „Senf" auf den Hot-Dog-Kuchen spritzen.

LEMON-LIME-CAKE

Zitronen-Limetten-Kuchen

Manu: „Das ist mein ‚4th-of-July-Kuchen', den ich immer in einer rechteckigen Backform backe und kurz vor dem Servieren mit Blaubeeren und Erdbeeren zur amerikanischen Flagge verziere."

Zutaten für etwa 16 Stücke

1 Backmischung Zitronenkuchen (Rührkuchen)
1 Becher Wackelpudding „Zitronengeschmack" (ca. 150 g)
2 Becher Schlagsahne (ca. 300 g)
2 Becher Limettenjoghurt (ca. 300 g)
je 250 g Blaubeeren und Erdbeeren

1. Den Zitronenkuchen nach Packungsanleitung in einer rechteckigen Form (ca. 20 × 30 cm) backen. Den Kuchen anschließend gut auskühlen lassen.

2. Mit Hilfe eines Kochlöffelstiels Löcher in den Kuchen bohren, den Wackelpudding erwärmen, damit er flüssiger wird, und hineinfüllen.

3. Die Sahne steifschlagen, mit dem Limettenjoghurt verrühren und auf dem Kuchen glattstreichen. Kurz vor dem Servieren den Kuchen mit Blaubeeren und Erdbeeren als „amerikanische Flagge" verzieren.

BLUEBERRY MUFFINS

Heidelbeer-Muffins

Für ca. 12 Stück

280 g Mehl
150 g Zucker
1 TL Salz
3 TL Backpulver
120 ml Speiseöl
2 Eier
120 ml Milch
220 g Blaubeeren
2 EL Naturjoghurt
evtl. weiße Schokolade zum Verfeinern

1. Den Backofen auf 200 Grad vorheizen. Ein Muffinblech (mit 12 Vertiefungen) einfetten oder mit Papierförmchen auslegen.

2. Mehl, Zucker, Salz und Backpulver in einer Schüssel verrühren. Öl, Eier und Milch in einer zweiten Schüssel verquirlen und mit der Mehl-Zucker-Mischung verrühren. Die Schokolade hacken und zusammen mit den Blaubeeren vorsichtig unter den Teig heben.

3. Den Teig in die Vertiefungen des Muffinblechs geben und etwa 20 Minuten backen.

SOUTHERN RED VELVET CAKE

Knallroter Rührkuchen aus den Südstaaten

Zutaten für ca. 20 Stücke

Für den Teig:

600 g Mehl
360 g Zucker
1 TL Natron
1 TL Salz
1 TL Kakaopulver
360 ml Pflanzenöl
240 ml Buttermilch
2 Eier
rote Lebensmittelfarbe
1 TL Obstessig
1 Tütchen Bourbon-Vanille-Aroma

Für Füllung und Verzierung:

125 g Frischkäse
225 g weiche Butter
400 g Puderzucker
1 Tütchen Bourbon-Vanille-Aroma
200 g gehackte Walnüsse

1. Den Backofen auf 180 °C vorheizen. Eine große Kranzkuchenform (ca. 2 l Inhalt) fetten und mit Semmelbröseln ausstreuen. Für den Teig Mehl, Zucker, Natron, Salz und Kakao in einer großen Schüssel verrühren. Öl, Buttermilch, Eier, Lebensmittelfarbe, Essig und Vanille-Aroma in einer zweiten Schüssel verrühren. Beides zusammengeben und cremig verrühren.

2. Den Teig in die Backform geben und im Ofen etwa 40 Minuten backen. Den Kuchen in der Form auskühlen lassen, stürzen und waagerecht durchschneiden.

3. Für die Füllung Frischkäse, Butter, Zucker und Vanille-Aroma verrühren. Den Kuchen damit füllen und überziehen. Zum Schluss mit den gehackten Nüssen bestreuen.

KONNY-ISLAND-COOKIES

Schoko-Nuss-Kokos-Plätzchen

Für etwa 20 Stück

200 g Mehl
3/4 TL Backpulver
1/2 TL Natron
1/2 TL Salz
175 g weiche Butter
165 g brauner Zucker
60 g weißer Zucker
1 Pck. Vanillezucker
1 Ei
300 g gehackte Vollmilchschokolade
200 g Kokosflocken
200 g gehackte Walnüsse

1. Den Backofen auf 190 °C vorheizen. In einer großen Schüssel Mehl, Backpulver, Natron und Salz verrühren. In einer zweiten Schüssel die Butter mit dem Zucker schaumig schlagen. Nach und nach die Eier unterrühren. Mehlmischung, Schokostücke, Kokosflocken und Nüsse zur Butter-Zucker-Creme geben und unterrühren.

2. Ein Backblech mit Backpapier auslegen. Mit Hilfe von zwei Teelöffeln kleine Teighäufchen in 5 cm Abstand auf das Blech setzen.

3. Die Kekse im Ofen etwa 11 Minuten backen, bis die Oberfläche leicht bräunt. Aus dem Ofen nehmen und auf einem Kuchengitter abkühlen lassen.

PIÑA COLADA

Zutaten für 1 Drink

4 cl weißer Rum
4 cl Cream of Coconut
5 cl Ananassaft
1 cl Sahne
3 Eiswürfel

Nach Belieben den Glasrand eines Longdrinkglases erst anfeuchten und dann in Kristallzucker tauchen. Alle Cocktail-Zutaten zusammen im Shaker kräftig schütteln und in das Longdrinkglas geben. Zwei Stücke Ananas an den Glasrand stecken.

MARGARITA

Zutaten für 1 Drink

1 TL Salz
4 cl weißer Tequila
2 cl blauer Orangenlikör
4 cl Zitronensaft
3 Eiswürfel
2 dünne Scheiben einer Limette

1. Den Rand eines Cocktailglases befeuchten und in das Salz drücken.

2. Tequila, Orangenlikör, Zitronensaft sowie Eis in einen Shaker geben und gut schütteln.

3. Die Margarita in das vorbereitete Becherglas abseihen und die Limettenscheiben als Deko an den Glasrand stecken.

LUMUMBA

Manu: „Diesen Kaltwetter-Drink haben wir auch früher schon gerne am Strand von Dänemark getrunken.“

Zutaten für 4 Gläser

800 ml heißer Kakao
8 EL Rum
8 EL Amaretto (Mandellikör)

Den Kakao auf vier hitzebeständige Gläser verteilen, mit Rum und Amaretto abschmecken.

ICY BLENDER LEMONADE

Zitronen-Limonade

Manu: „Diese eiskalte Limonade ist einfach perfekt für einen heißen Sommertag!"

Zutaten für 4 Personen

1 große Zitrone
100 g Zucker
710 ml kaltes Wasser
8 Eiswürfel

Die Zitrone schälen, entkernen und in Stücke schneiden. Zitrone, Zucker, Wasser und Eiswürfel in einem Mixer cremig mixen.

Bildnachweis:

Alle Abbildungen im Buch: 2009 © Manuela Reimann,

ausser die Abbildungen auf folgenden Seiten 2009 ©:

Coverfoto (Familie Reimann), S. 9: Tim Schaarschmidt;

S. 8 oben links, S. 62 unten links: Rocco Falotico;

S. 14, oben rechts: Konny Reimann;

S. 30 oben rechts, S. 57, oben mitte: Tanja Strate;

S. 30 oben mitte, S. 30 unten, S. 49 unten rechts, S. 57 oben rechts, S. 60 unten, S. 66: Janina Reimann;

Coverfoto oben, S. 17 unten rechts, S. 29 unten rechts, S. 62 unten rechts, S. 68: Tobias Friedrich/Lothar Berndorff

S. 70 oben links, S. 97, S. 112, S. 113: Ilonka Margis;

S. 75 oben, S. 90, S. 91, S. 96, S. 98, S. 99: edel entertainment GmbH;

S. 78, S. 79: Dean Buchholz;

S. 84-89: Anke Feierabend.